Elisa V. Poza

Otra mirada a
Julio Cortázar

Teucro

Todos los derechos reservados

© 2019 Elisa V. Poza
© 2019 Editorial Teucro

elisavpoza@gmail.com

Diseño editorial: David Cortés

ISBN: 978-607-29-1828-3

Contenido

1. Introducción — 1

2. El deseo subterráneo — 5

3. El desbordamiento de las pulsiones — 27

4. El desencuentro del *yo* — 37

5. El deseo y la locura — 53

6. El deseo y la violencia — 71

7. El deseo perverso — 87

8. El *yo* entre dos realidades diferentes — 111

9. El deseo de desobedecer — 125

10. Conclusiones y discusión — 145

Notas — 151

Bibliografía — 171

1. Introducción

> ...ese hombre que en un determinado momento elige un tema y hace con él un cuento será un gran cuentista si su elección contiene –a veces sin que él lo sepa conscientemente- esa fabulosa apertura de lo pequeño hacia lo grande, de lo individual y circunscrito a la esencia misma de la condición humana.
>
> Julio Cortázar (1)

La literatura juega un papel importante en la búsqueda de un entendimiento de los males que nos aquejan. La posibilidad de explorar nuevos caminos, de romper con las normas existentes, de evocar el mundo desde un ángulo diferente, permite que la obra literaria trascienda y deje una huella. La expresión artística, en una sociedad que nos impone reglas que van en contra de la naturaleza humana, cuando es capaz de liberarse de ataduras, abre las puertas al cuestionamiento de la realidad. El autor debe encontrar una voz propia, libre, ajena a compromisos.

La libertad se logra en la transgresión y Julio Cortázar acepta el reto de romper los convencionalismos, de infringir los límites, de evidenciar la existencia de un mundo lleno de contradicciones. En su creación existe una búsqueda, un enfrentamiento inquisidor con lo cotidiano y con los valores del mundo occidental. Como todo artista, incorpora elementos inconscientes en su creación. Además, siendo conocedor de las teorías de Freud, utiliza recursos psicoanalíticos para crear una obra compleja y deslumbrante.

Como los sueños, la obra literaria está constituida por un contenido manifiesto, el argumento, y un contenido latente que es aquello que permanece oculto y que intentamos revelar mediante una interpretación. La crítica psicoanalítica es una herramienta invaluable para abordar el cuento fantástico y rastrear ese contenido que se nos esconde.

La literatura fantástica, donde la imaginación rompe el cauce de la realidad, propone nuevas alternativas y deja que el inconsciente aflore, dando como resultado expresiones auténticas que no son limitadas por la moral social. Aquello que presentado en forma realista sería objeto de escándalo, puede ser aceptado en el mundo de lo fantástico. Así, podemos adentrarnos en el universo del deseo, del inconsciente, de *lo real*.

Julio Cortázar fue un creador original que construyó mundos ambiguos donde contrastan dos realidades, una cotidiana, conocida, con otra que se rige por sus propias reglas, manteniendo su coherencia a lo largo del relato. Aunque él renuncia a definir lo fantástico, finalmente declara que es "algo muy simple, que puede suceder en plena realidad cotidiana, en este mediodía de sol…", para concluir: "un hecho fantástico se da una vez y no se repite" (2).

Su obra es un ejercicio lúdico, subversivo, donde a través del juego, Cortázar se enfrenta al mundo que le tocó vivir, que se le presenta como algo árido, convencional y muchas veces violento. De manera brillante y precisa, articula un lenguaje que renueva la forma de contar. Además, su quehacer literario contribuye a cuestionar el papel del escritor hispanoamericano ante su obra y el mundo.

Creó personajes entrañables, siempre en lucha contra un mundo hostil, siempre en lucha contra enemigos implacables, difusos -la rutina, el desamor, la desesperanza, las pulsiones de vida y muerte, el deseo, el sistema político, la historia. Sin embargo, el desánimo y la derrota, y muchas veces la muerte, son la única puerta por donde pueden transitar estos seres cortazarianos, ya que un destino ineludible, avasallador, se levanta como un muro dentro de sus cuentos.

Para Cortázar, la obra literaria es un fin en sí, y al mismo tiempo, un puente que conduce hacia el lector. Desde una posición romántica, el autor busca el reencuentro del hombre consigo mismo, ya que "una literatura que merezca su nombre es aquella que incide en el hombre desde todos los ángulos, que exalta, lo incita, lo cambia, lo justifica, lo saca de sus casillas, lo hace más realidad, más hombre…" (3).

Este tipo de literatura, que exalta, que incita y es capaz de cambiar al hombre, transgrede las reglas, tanto en el plano literario y estético, como en el político y social. Así, la obra de Cortázar reivindica lo humano, se rebela contra el silencio cómplice de la violencia institucional en Latinoamérica y contra los cánones literarios de la época. Y es en la transgresión que Cortázar trasciende como narrador.

Introducción

A partir de la década de los sesenta, con el triunfo de la revolución cubana, el autor de <u>Bestiario</u> asume la lucha de los pueblos sojuzgados del continente como propia y en su narrativa aflora la pregunta: ¿el escritor debe integrar en su creación el momento histórico y político del mundo que le toca vivir?

Debemos aceptar que la realidad nos engloba, nos marca, nos cambia, nos define. No podemos entender al hombre como un ente ajeno a su entorno.

Para Freud, la psicología individual es al mismo tiempo psicología social, ya que "en la vida anímica aparece integrado siempre, efectivamente "el otro", como modelo, objeto, auxiliar o adversario" (4). Por lo tanto, para comprender de manera profunda al escritor, debemos incluir en nuestro análisis la influencia que tiene la colectividad y el momento político sobre él y su obra.

El sistema represivo que caracteriza al psiquismo individual en estos cuentos, también se manifiesta a nivel social y resulta igual de destructivo. Observamos que lo fantástico está dado por la presencia depredadora e irracional del poder. La represión militar, la violencia institucionalizada, son temas que aparecen en la narrativa de Cortázar, que de esta manera se convierte en un testigo de la historia.

Su enfrentamiento con un mundo hostil y alienado se hace patente en sus palabras: "en nuestros tiempos, ahora que Dios ha muerto, la realidad exterior ha pasado a ser un gran campo de batalla y nuestra respuesta de escritores a esa realidad, ¿en qué planos puede darse?: en el plano de la tentativa de modificarla, que es para mí lo más importante. Creo que el hombre creador, por el hecho de crear está introduciendo elementos nuevos o está cuestionando elementos que él considera caducos, está quebrando cierto tipo de cosas, por su influencia literaria" (5).

Este trabajo tiene por objeto estudiar los temas relacionados con la transgresión en los cuentos de Cortázar y proponer un acercamiento al autor desde una perspectiva diferente. Dentro de su narrativa se revisarán algunas situaciones donde se vulneran las normas establecidas por la sociedad, las leyes de la naturaleza y la integridad del individuo, utilizando como marco teórico la crítica psicoanalítica y los planteamientos de Sigmund Freud, Jacques Lacan, Wilhelm Reich, Herbert Marcuse, Eric Fromm, Friedrich Nietzsche, Michel Foucault, entre otros, que abordan los conflictos de los personajaes, las problemáticas sociales y la relación del hombre con el poder. Además, a lo largo del ensayo, esperamos asir, a través del tema de las transgresiones, el mundo subjetivo, inconsciente, del escritor.

La indudable maestría de Julio Cortázar en el uso del lenguaje y en su propuesta estética nos hace declarar, parafraseando su definición de lo fantástico: un escritor como Julio Cortázar se da una vez y no se repite.

2. El deseo subterráneo
"Casa tomada", "Bestiario"

> Toda obra de arte o de literatura es una metáfora, realiza una transposición; la estatua, el cuadro, el texto manifiesto nunca se examinan por ellos mismos, sino que ellos remiten siempre a una ausencia. ¿Qué es lo que encubre esta ausencia que proporciona el sentido?
>
> Anne Clancier (1)

¿Qué motivaciones llevan al autor a integrar una serie de elementos en su obra? ¿Es en los sueños donde se alimenta el autor para concebir sus cuentos? ¿Los personajes de "Casa tomada" y "Bestiario" están relacionados con el mundo anímico y con el inconsciente del autor?

Julio Cortázar analiza de manera profunda el momento de la creación literaria. "Mis criaturas", admite Pablo Neruda, "nacen de un largo rechazo". Esta definición del proceso de escribir, la retoma Julio Cortázar, quien añade: "escribir es de alguna manera exorcizar, rechazar criaturas invasoras proyectándolas a una condición que paradójicamente les da existencia universal" (2).

La idea de un cuento, para Cortázar se gesta cuando está ante lo que él llama una "situación que lo invade, le cae encima y en el momento experimenta un temblor de alegría, como una especie de amor" (3). Cuando aparece un "ya visto", una asociación de ideas, puede traducirse en un cuento.

La literatura para este escritor es un ejercicio lúdico, una actividad erótica, una forma de amor; es una posibilidad de la felicidad humana: "cuando escribo soy feliz y pienso que le puedo dar un poco de felicidad a los lectores" (4).

Conocedor de la obra de Freud, utiliza estos conocimientos para interpretar su propia historia que muchas veces se traduce en cuentos: "... me leí las <u>Obras completas</u> de Freud... y me fascinó. Y entonces empecé, de una manera muy primaria, a autoanalizar mis sueños... porque de mis sueños ha salido buena parte de mis cuentos" (5). Incansable lector utilizó también el humor, que aprendió de los ingleses y norteamericanos, como arma literaria.

Para el autor, escribir es hacer el esfuerzo de soñar, de romper barreras, de entreabrir algunas ventanas. Las frases nacen con cierta independencia de la decisión de escribir y, como un médium que transcribe un dictado, el cuento se va elaborando con cierta autonomía. La escritura es un exorcismo, un instrumento de búsqueda, "una empresa de conquista verbal de la realidad" (6).

Todos los cuentos, en especial los fantásticos son, para el autor, "productos neuróticos, pesadillas o alucinaciones... como si el autor hubiera querido desprenderse lo antes posible de la manera más absoluta de su criatura, exorcizándola en la única forma en que le es dado hacerlo: escribiéndola" (7). La necesidad de llevar el cuento al papel obedece a un impulso que no se puede postergar; todo ha ocurrido antes, dentro del escritor, y éste antes provoca la necesidad de arrancarse el cuento "a tirones de palabras" (8), como la experiencia de quitarse de encima una alimaña. Muchos de sus cuentos nacen de "un estado de trance anormal para los cánones de la normalidad al uso... Me vi obligado a escribir un cuento para evitar algo mucho peor" (9), declara el autor. Los temas lo buscan, le caen encima, lo eligen, "de golpe algo pasa que me lleva a mí a escribir" (10), declara.

El juego tiene un papel muy importante en el niño y en la obra de Cortázar. A través del juego se crea un mundo paralelo al real, más adecuado a sus deseos. "Cuanto más insatisfecho está un niño del mundo que lo rodea, más afectos dedica al juego. La realidad es la antítesis del juego... el niño... emplea los elementos reales para conformarlos en su propio orden. El escritor hace lo mismo que el niño" (11). Para Freud, "mucho de lo que siendo real no podría procurar placer ninguno, puede procurarlo como juego de la fantasía" (12). El niño elabora lo que Freud llama una "novela familiar" que responde a situaciones que el niño, después el adolescente, va viviendo.

A medida que el niño crece, "los ensueños diurnos", dominados por el tema de las relaciones familiares, sirven a la realización de deseos y a la rectificación de las experiencias cotidianas. Estos ensueños persiguen dos objetivos: el erótico y el ambicioso. "La imaginación del niño, se dedica a la tarea, pues, de liberarse de los padres menospreciados y a reemplazarlos por otros generalmente de categoría social más elevada" (13), de ahí surge el origen de los mitos. Como autor, el niño es el protagonista de interesantes episodios donde puede eliminar a sus hermanos y sustituir a sus padres. Esto representa "la expresión de la añoranza que el niño siente por aquel feliz tiempo pasado, cuando su padre le parecía el más noble y fuerte de los hombres y su madre, la más amorosa y bella mujer... su fantasía no es, en el fondo, sino la expresión de su pesar por haber perdido esos días tan felices" (14). Además, con el conocimiento de los procesos sexuales, el niño agrega este ingrediente a sus fantasías conscientes o "ensueños diurnos". De esta manera, utilizando todos estos elementos, el cuento va adquiriendo forma y contenido y, ya de adulto, el autor lo irá escribiendo, como declara Julio Cortázar, de "jirones de sueños" (15).

Para Marthe Robert, la "novela familiar", que ella llama "novela de los orígenes", que el niño crea, "queda como un fragmento de literatura silenciosa, de texto no escrito, de pequeño mito que el adulto normal ignora y para el cual carece de significación. Pero es siempre un fragmento de la historia y de la psique del individuo y cuando éste, como creador artístico, libere los elementos inconscientes que existen en él, no puede por menos de incorporarlos a los conscientes, a la parte profunda de su creación" (16), que más tarde aparecerá como parte de su obra. Ésta última estará relacionada, de manera importante, con la "novela familiar" de la infancia.

La interpretación de los sueños ha demostrado que la sobrevaloración infantil de los padres subsiste en los sueños de los adultos. El estudio de éstos, conscientemente recordados, ofrece elementos que han permitido comprender el mito del nacimiento del héroe. La "novela familiar" por tanto, se hace presente a lo largo de la vida del individuo y la podemos encontrar en la creación literaria.

Gracias a las lecturas de Freud, como ya dijimos, Cortázar aborda el proceso de la escritura a través de un enfoque psicoanalítico. Los cuentos para él irrumpen ya elaborados como los deseos inconscientes. Cortázar está consciente que, como los sueños, es necesario atrapar estas ideas subterráneas, antes de que se pierdan irremediablemente. Así, proyecta sus preocupaciones, sus pulsiones, que como "alimañas" reptan y buscan una salida. De esta manera se acerca a su deseo, a lo que Lacan denomina *lo real*, la fuente de la angustia. De ahí nacen sus cuentos.

Sin embargo, además de atrapar el momento de la creación, el escritor debe alimentar su fantasía con experiencias de su realidad cotidiana, encontrándose dividido en un "yo social" que asume las responsabilidades del mundo donde se desenvuelve y un "yo creador" que vive sus fantasías y las plasma en la obra. De esta manera aparece lo que Mauron (17) denomina *el mito*, que se sitúa en la bifurcación de estos dos sistemas. Es este *mito* el que se percibe por debajo de la obra. El escritor se mueve entre dos mundos que luchan por mantener un equilibrio, y es imposible entender la obra si no logramos aprehender el *mito*, el inconsciente del autor, que se manifiesta, no sólo en los sueños y fantasías, sino también en la creación artística. Por este motivo, la crítica psicoanalítica es una herramienta importante para el entendimiento de la obra y es el lenguaje, como ocurre en la terapia psicoanalítica, el que descubre los hilos más profundos del inconsciente del autor.

Para Paciencia Ontañón, "el lenguaje tiene siempre sus razones, aunque parezca incoherente; es decir, aunque la razón no las conozca. El monólogo es siempre un diálogo, aunque el interlocutor permanezca mudo, o aparentemente ausente. Cuando la crítica trata de poner orden en busca de un sentido, toma un poco el papel del psicoanalista frente al paciente –la obra literaria a la cual interroga, dialoga con ella, se comunica y, finalmente, extrae los más profundos significados de su discurso a través de las palabras" (18).

El lenguaje de la obra literaria establece el vínculo entre el escritor y su lector y la fantasía es la que provee los elementos que enriquecen a los personajes y sus anécdotas.

Lacan establece que el mundo anímico está formado por tres registros: *imaginario, simbólico* y *real*. La fantasía es la parte consciente del registro de *lo imaginario*, cuya parte inconsciente es el *fantasma*. Este último está relacionado con "la falta", la *hiancia*, con aquel vacío que nunca seremos capaces de llenar, con el objeto eternamente faltante que genera dolor. El *fantasma* puede ser aprehendido en la obra literaria en el momento de la interpretación.

El registro de *lo simbólico* incluye todo lo relacionado con el lenguaje (la palabra, la cultura) donde se incluye la literatura que, además, como ya dijimos, es una proyección de *lo imaginario* (19). Dentro de la obra nos encontramos con la parte consciente e inconsciente del escritor.

De acuerdo con Lacan, en el inicio de la vida, el individuo constituye una unidad junto con su madre. Al aparecer el lenguaje, esta unidad se fractura, generándose por primera vez una diferenciación entre el mundo interno y el externo. De esta manera nace el sujeto al momento de ingresar al orden de la cultura que es el mundo del lenguaje.

Esta fractura implica para el niño una pérdida de algo que jamás recuperará, pero que se empeñará en buscar durante toda su vida. El individuo es así un sujeto en falta.

Esta falta, que implica la pérdida de la fusión con la madre, se traduce en deseo: el motor de la vida que se instaura en el sujeto y permanece eternamente. Así, el deseo, que nunca se podrá satisfacer, se presenta como una carencia, la *biancia* (20). De hecho, el objeto de la pulsión no es otra cosa que un hueco, un vacío que cualquier objeto puede ocupar y cuya instancia sólo conocemos en la forma del objeto perdido, denominado objeto "a", el objeto como ausencia (21). La búsqueda del otro es la búsqueda de esa parte de sí mismo para siempre perdida. De igual manera, en la creación literaria el autor camina al encuentro de esa ausencia. En los textos de Cortázar "es el deseo el que constituye el eje que dinamiza el movimiento del relato" (22).

Este enfrentamiento con el deseo, con las pulsiones, aparece en la narrativa de Julio Cortázar, donde lo ominoso se encuentra presente. El incesto, el crimen, la locura, la muerte y la violencia hacen su aparición para afectar la vida de los personajes.

En "Casa tomada", la existencia rutinaria y aburrida de una pareja de hermanos se ve alterada irremediablemente por la aparición de un murmullo extraño que invade la casa. El deseo incestuoso asoma tras estos sonidos.

Para Freud, el vínculo con la madre, como primer objeto de deseo del niño, trae como consecuencia lo que él denomina *Complejo de Edipo*. En Tótem y Tabú, el autor formula la hipótesis de que este complejo es la base de una conciencia de culpabilidad, fuente de la religión y la moral. Gracias a la intervención del padre, el hijo tiene la necesidad de apartarse de la madre y buscar fuera de la familia el objeto de su deseo. Por medio de la represión, una parte de la pulsión sexual queda sustraída a la conciencia. El hecho de que estos impulsos sean reprimidos no implica que dejen de afectar la vida del sujeto.

El primer objeto del deseo del hombre es siempre de naturaleza incestuosa -la madre o la hermana-, y solamente a fuerza de prohibiciones muy severas es como se consigue reprimir esta inclinación infantil (23). Sin embargo, no en todos los casos el individuo es capaz de romper los vínculos incestuosos: La labor del niño consiste en desligar sus deseos libidinosos de la madre y proyectarlos sobre un objeto ajeno; además, debe reconciliarse con el padre, o liberarse de su tiranía. Esta labor se impone a todos y cada uno de los hombres. Para Freud, los neuróticos fracasan por completo en ella, permanecen sometidos toda su vida a la autoridad paterna, siendo incapaces de trasladar su libido a un objeto sexual no incestuoso; por tanto, es el complejo de Edipo el nódulo de las neurosis.

El deseo incestuoso transgrede las reglas morales, por lo que debe ser reprimido. Cuando logra aflorar causa angustia, como podemos percibir en "Casa tomada" donde habita este deseo inconsciente, innombrable, agobiante.

La casa, espaciosa, antigua, triste, llena de recuerdos, es un elemento muy importante en esta narración. Ahí, encontramos una presencia indefinida que invade la vida de los personajes que habitan este entorno cerrado y que termina expulsando a los hermanos a la calle. En esta historia de aislamiento, un sonido "impreciso y sordo, como un volcarse de silla sobre la alfombra o un ahogado susurro de conversación" (24), es suficiente para que el dueño de la casa se lance sobre la puerta y la cierre con cerrojo para huir de esa amenaza indeterminada. Asumiendo esta pérdida de espacio como un destino ineludible, Irene y su hermano irán cediendo poco a poco su casa, hasta finalmente encontrarse en la calle, abandonándolo todo y sin tener dónde ir. Todo lo que aquí acontece sigue la lógica del sueño, donde lo insólito se vuelve normal y es aceptado como cotidiano. Este cuento fue publicado en 1946 y algunos críticos han querido relacionar esta historia de aislamiento y soledad con el momento histórico que vivía Argentina en esa época. "Desde 1939 no llegaba nada a la Argentina", nos comunica el narrador.

Después de la Segunda Guerra Mundial, la burguesía y los intelectuales quieren estar más cerca de Europa que de América. "La coyuntura histórica obliga a cerrar puertas. Con las vicisitudes de la guerra y sus consecuencias, la nación se encuentra sola en América y sola en el mundo. La Argentina se cierra en sí misma" (25), como los hermanos de "Casa tomada". La casa, donde habitan los fantasmas de la infancia, y los recuerdos de los padres y antepasados, es una influencia determinante dentro de la vida de este "silencioso matrimonio de hermanos" (26), ya que, ellos suponen, la vivienda no les había dejado casarse. La existencia pasiva y rutinaria se ve alterada, y aunque el que narra asevera que él y su hermana se divertían mucho, como lectores no logramos convencernos que así fuera, pues, como se nos explica, trataban de no pensar: "se puede vivir sin pensar" (27). Esta aseveración puede explicar el por qué los personajes no cuestionan en ningún momento la presencia de ruidos a los que les ceden su espacio.

La casa se establece como el personaje principal alrededor del cual gira la vida de los hermanos. El mundo cerrado que delimita la existencia de esta pareja se va reduciendo a medida que transcurre la historia.

Entre los deseos prohibidos, como ya dijimos, se encuentran los incestuosos que la sociedad rechaza de la manera más enérgica; por tanto, cualquier sentimiento de este tipo debe ser inmediatamente reprimido. Para que el "matrimonio entre hermanos" pueda ser aceptado por ellos mismos, debe estar limpio de cualquier contenido erótico. El nombre del deseo debe ser eliminado de la vida de la pareja y de las palabras de la narración. Para Armando Pereira "si esa escritura calla algún nombre, es justamente el nombre del deseo" (28).

Un aporte fundamental de Freud para el entendimiento de los procesos psíquicos es la idea de inconsciente que él considera está relacionada con un concepto topográfico. En esta hipotética región de la mente humana se almacenan recuerdos del pasado y experiencias de la primera infancia, inaccesibles para la conciencia.

Podemos encontrar una similitud entre la casa en "Casa tomada" y el inconsciente: "Nos gustaba la casa porque aparte de espaciosa guardaba los recuerdos de nuestros bisabuelos, el abuelo paterno, nuestros padres y toda la infancia" (29).

El concepto de inconsciente tiene como punto de partida la teoría de la represión, donde se define esta última como el esfuerzo vehemente que se hace para impedir que un impulso penetre en la conciencia. De esta manera, el proceso queda inconsciente gracias a ese esfuerzo. El campo principal de la represión está relacionado con las experiencias y los deseos sexuales. Las mismas fuerzas que reprimen los impulsos peligrosos prosiguen con su represión y se oponen al descubrimiento de sus causas. Si hay represión es porque algo ejerce una presión para salir, y ese algo son las pulsiones, representantes de todas las fuerzas que provienen del interior: Eros, la pulsión de vida y la pulsión sexual y Tánatos, la pulsión de muerte.

Para Freud, la evolución del ser humano es resultado de la represión de las pulsiones sobre la cual se edifica lo más valioso que hay en la cultura humana. La pulsión reprimida "(puede) ser sofocada por completo, de suerte que nada se descubra de ella, o (puede salir) a la luz como un afecto..., o (mudarse) en angustia" (30). La esencia de la represión, por tanto, no consiste en cancelar, en aniquilar la pulsión, sino en impedirle que devenga consciente. Un cauce para la energía libidinal puede ser la sublimación, donde los impulsos son utilizados para realizar actos que no llevan a la consecución del goce sexual, sino a la elaboración de formas que sustituyen este interés, como puede ser la creación artística. Irene teje, el hermano lee y se sienten satisfechos a pesar de llevar una vida ajena a la satisfacción de los deseos sexuales. Podemos establecer que dentro de la casa se esconden deseos innombrables que luchan por hacerse conscientes. Cuando estos asoman en forma de ruidos y susurros, la represión se desata, aparece la censura y se cierra la puerta. Los impulsos sexuales reprimidos "satisfacen a algo que sin duda va en contra de lo que podría satisfacerlos. No se contentan con su estado, pero aun así, en ese estado de tan poco contento, se contentan. El asunto está justamente en saber que es ese se que queda allí contentado. Para una satisfacción de esta índole, penan demasiado", de acuerdo con Lacan (31).

El mundo anímico para Lacan, como ya apuntamos anteriormente, está formado por el registro de *lo imaginario*, *lo simbólico* y *lo real*. Sabemos que el orden de *lo real*, relacionado con las pulsiones, está ligado a la angustia que aparece cuando el sujeto se acerca a su deseo. *Lo real* no puede simbolizarse (no puede ponerse en palabras), es innombrable y está asociado con el incesto. Al constituir el núcleo más profundo de lo inconsciente, resulta inaccesible. *Lo real*, aunque inasible, debe buscarse en el contenido latente de la obra y "se haya (sic) presentado bajo la forma de lo que tiene de inasimilable, bajo la forma del trauma, que es concebido como algo que ha de ser taponado" (32). De esta manera, no logra llegar a la conciencia. En "Casa tomada", *lo real* se presenta con ruidos imprecisos y susurros, y la angustia que causa en estos hermanos los hace huir.

Lacan, para hablar sobre el incesto, propone el concepto de *Nombre del Padre*, que representa la ley y le indica al niño que no puede poseer a su madre. La operación edípica es llamada *metáfora paterna*, en la que se sustituye el deseo de la madre (o la hermana) por el *Nombre del Padre*. La renuncia al deseo de la madre o la hermana provoca en el niño un sentimiento de castración que causa dolor.

El niño vive en su primera etapa un momento de indiferenciación donde la madre y él son una sola entidad. La aparición del lenguaje, como ya dijimos, así como la instauración del *Nombre del Padre*, dan lugar a una escisión en el niño y su ingreso al orden de la cultura. El *Nombre del Padre* se traduce como *la ley* que produce el corte, la castración, la separación madre-hijo que permitirá a éste crecer como un individuo independiente, terminando así con la liga incestuosa.

La casa ha cobijado a estos personajes, como una madre; los ha mantenido bajo su tutela, sin permitirles liberarse y aspirar a una vida independiente. La casa se presenta como un poder que mantiene a los hermanos atrapados. Ellos nunca se asumen como individuos maduros, nunca tratan de encontrar una explicación a los hechos, nunca los enfrentan; sumisamente salen de la casa y cierran la puerta para siempre. El mensaje que pudiera estar encerrado en ese sonido extraño que se produce al interior, queda sin ser interpretado.

En "Interpretación psicoanalítica de 'Casa tomada', de Julio Cortázar", Juan Capetillo asume que en el momento de la renuncia de la casa, "el sujeto evidencia una situación de resignación, de conformismo, producto de una causalidad inconsciente, relativa a una dificultad inherente a algo en falla en el significante del *Nombre del Padre*" (33). *La ley* no ha podido romper el vínculo incestuoso, no ha podido provocar el corte, la castración que pudiera liberar al individuo. Los personajes no escuchan las voces olvidadas, no indagan en el inconsciente. Salen a la calle y cierran con llave la puerta principal, para que nadie pueda entrar y acercarse a este mundo inconfesable, al mundo de las pulsiones, para que "nadie entre a la casa, a esa hora y con la casa tomada" (34).

María Luisa Rosenblat relaciona la historia de "Casa tomada" con "La caída de la casa Usher". En ambas, existe una casa que guarda los recuerdos de muchas generaciones de una familia donde los últimos herederos, dos hermanos, hombre y mujer, llevan una relación extraña, aislados del mundo, en un universo cerrado. Entre los personajes de la obra de Poe se insinúa una relación incestuosa ("misteriosas afinidades de naturaleza muy poco inteligible habían existido siempre entre los dos") (35). La destrucción del equilibrio en la vida de estas parejas será precedida de ruidos que no tienen una explicación racional. "Un débil y al parecer lejano, pero áspero, prolongado, insólitamente agudo y discordante sonido" (36), anuncia el final de la casa de los Usher. En el momento en que los dos hermanos se abrazan, después de que Madelaine fuera enterrada en vida, la casa es destruida y termina sepultada en un profundo y cenagoso estanque. La culpa y el castigo acaban definitivamente con la relación incestuosa.

Para Lovecraft, Usher revela "una trinidad de seres anormalmente unidos al final de la larga y aislada historia de la familia: el hermano, la hermana gemela y la casa increíblemente antigua, los cuales comparten una única alma y encuentran una común disolución en el mismo momento" (37).

En el cuento de Cortázar, la puerta de roble cierra la casa a los ruidos extraños que acosan a Irene y a su hermano, a la vez que una puerta de hierro macizo bien afianzada, sirve para aislar el féretro con el cuerpo de la hermana de Usher. En ambas historias los protagonistas son pasivos, no pueden oponerse a esta fuerza que se impone como un destino, como una fatalidad, y que los expulsa de su paraíso. La culpa, por haber transgredido las reglas, puede estar detrás de esta fuerza invasora desconocida que toma la casa. "El aislamiento de los hermanos en la casa, la vida independiente y autosuficiente que llevan contribuye a crear una impresión de totalidad, de un mundo independiente y completo en sí mismo. La casa se perfila pronto como una fuerza que actúa sobre los destinos de los hermanos" (38), apunta Rosenblat, para describirnos el universo cerrado de "Casa tomada". Sin embargo, esta observación se ajusta perfectamente al tipo de vida que llevaban los protagonistas de la casa Usher. Y este "microcosmos con sus propias leyes y ritmo interno" (39) está presente en ambos cuentos.

Para Castro-Klarén, "La fuerza desconocida que les va cerrando el espacio de su transgresión, es lógicamente una fuerza ´extraña´; es, digamos, la autoridad que al recortarles el espacio en que viven, figura o delinea el inconsciente reconocimiento de que ese juego inocente entre hermanitos no puede mantenerse in-noscente eternamente" (40). Y esta autoridad, que termina por expulsarlos, funciona como un *superyó*, que dice "no" a los deseos incestuosos de los hermanos. La salida de la casa, como la expulsión del paraíso, va cargada de culpa, la culpa primitiva, el despertar al deseo.

Cortázar confiesa su admiración y su interés por la obra de Edgar Allan Poe, que ejerció gran influencia en su narrativa. En "Diario final" declara: "Desde muy niño tuve que aceptar la soledad en ese terreno ambiguo donde el miedo y la atracción morbosa componían mi mundo de la noche. Puedo fijar hoy un hito seguro: la lectura clandestina, a los ocho o nueve años, de los cuentos de Edgar Allan Poe. Allí lo real y lo fantástico se fundieron en un horror unívoco" (41).

La influencia de Poe en la obra de Cortázar puede ser apreciada en las similitudes que existen entre "Casa tomada" y "La caída de la casa Usher". En ambas, lo fantástico está dado por la supresión de los motivos emocionales y pasionales que empujan a los protagonistas. Éstos actúan sin reconocer sus verdaderos impulsos, que esconden celosamente dentro de la casa que, como un *superyó* castiga, expulsando en un caso y destruyendo en el otro, a los hermanos.

Antonio Planéis encuentra un paralelismo entre "Casa tomada" y el pasaje de Adán y Eva en el paraíso. La vida pasiva y de contemplación es semejante en ambos casos. El despertar sexual trae la caída y la salida del Edén: "La prohibición de comer del fruto de aquel árbol venía directamente de la voz Suprema, que se opone a la exaltación de los deseos materiales. En el texto de "Casa tomada" el símbolo del fruto prohibido recae primeramente en la relación incestuosa de los hermanos" (42). Para Eduardo González, la situación paradisíaca oculta la culpa del incesto y la dramatiza, "la necesidad y la prohibición se dan simultáneamente… es el sueño hecho pesadilla en el cuento" (43).

En el momento en el que un ruido inexplicable, la voz suprema para Planeéis, toma posesión de la casa, ahí aparece lo fantástico. Diferentes autores han tratado de definirlo: para Callois, lo fantástico tiene que ver con la "irrupción de los insólito en lo banal" (44). Este autor define lo fantástico como una ruptura del orden reconocido, una irrupción de lo inadmisible en el mundo cotidiano. "Lo fantástico manifiesta un escándalo, una rasgadura, una irrupción insólita, casi insoportable en el mundo real" y debe provocar una impresión de "extrañeza irreductible" (45).

Para Vax, en el relato fantástico los personajes habitan un mundo que se rige por las leyes de la realidad; sin embargo, el encuentro con lo inexplicable provoca en ellos un escalofrío. "Lo fantástico es un momento de crisis" (46).

Todorov caracteriza lo fantástico como una percepción ambigua de acontecimientos insólitos. Para él, "lo fantástico implica no sólo la existencia de un acontecimiento extraño que provoca una vacilación en el lector y el héroe, sino también una manera de leer" (47). Esta ambigüedad provoca que tanto el narrador, como los personajes y el lector no puedan discernir si están ante una ruptura de las leyes naturales del mundo objetivo o si tales sucesos pueden explicarse por medio de la razón.

Como sabemos, el escritor de literatura fantástica no dirige su relato al raciocinio del lector, sino hacia su emoción, para lo cual toma en cuenta la racionalidad para destruirla, despertando un sentimiento de extrañeza, de inquietud, de angustia. Lo fantástico provoca un sentimiento ambiguo, causa cierta incomodidad.

El cuento fantástico propone dos realidades diferentes: una externa, la del mundo objetivo, cotidiano y una interna, el mundo que el texto propone con sus propias características diferentes a la realidad real. Lo importante es que el autor preserve la coherencia interna, las reglas y la lógica propia del relato. El mantenimiento de un equilibrio entre estas dos realidades produce una sensación de verosimilitud: la existencia de un ruido extraño en la vida apacible de los hermanos de "Casa tomada", la presencia de un tigre que habita como si fuera un miembro de la familia en "Bestiario".

Un suceso fantástico no puede ser verosímil en la realidad. Sin embargo, dentro de la historia se acepta como posible. Este planteamiento responde a la lógica interna del relato y se somete a sus propias reglas, que no dependen de la realidad. La normalidad del mundo real es indispensable para que se produzca el desconcierto; en este sentido, el relato fantástico es eminentemente verosímil.

Para José Ortega en "La dinámica de lo fantástico en cuatro cuentos de Cortázar", lo fantástico surge de la tensión que se da cuando existe una situación lógica y otra inverosímil; es decir, entre realidad e irrealidad. Lo fantástico sólo puede ser entendido a partir de la realidad empírica, cotidiana o histórica que el escritor argentino profundiza y cuestiona.

Julio Cortázar define lo fantástico como nostalgia, como una suspensión de la incredulidad. Para él, lo fantástico exige un desarrollo temporal ordinario, donde al irrumpir el elemento extraño se altere el presente de manera momentánea. Sin embargo, es necesario que el hecho excepcional se instale también como regla sin alterar las estructuras ordinarias entre las cuales se ha insertado. Para él, fantástico tiene que ver con "el derecho al juego, a la imaginación, a la fantasía, el derecho a la magia" (48). En la obra de este autor, lo fantástico se sitúa cerca de los fantasmas inconscientes que nos abruman.

Como autor, Cortázar elabora dentro de su obra un universo que oscila entre lo extraño, lo extraordinario y lo fantástico. Sus demonios interiores son materializados creando un sentimiento de extrañeza donde el sueño y la realidad se confunden. El sueño, en muchos casos, es el corazón del relato: "muchos cuentos míos nacen de imágenes oníricas, son una tentativa de poner en escritura visiones o entrevisiones del sueño" (49). Éste es el caso de "Casa tomada" que fue un sueño: "Yo me desperté totalmente empapado por la pesadilla; era ya de mañana, me levanté y escribí el cuento de un tirón" (50). Para Paciencia Ontañón este "cuento es fácilmente analizable, puesto que introduce símbolos universales como ´casa´, que representa el cuerpo femenino y, cierto tipo de casa, la madre. El sueño por su carácter angustioso, es un sueño erótico de carácter edípico" (51).

La proyección de los fantasmas interiores dentro de los cuentos de Cortázar ayuda a crear este sentimiento de lo fantástico. El sonido indefinido que se apodera de la casa de este "matrimonio de hermanos" corresponde a cualquiera de las definiciones de lo fantástico que acabamos de apuntar. Ya sea que nos encontremos ante la presencia de *lo real*, de un superyó severo, del *Nombre del Padre* que establece *la ley*, de la voz suprema, el relato provoca un escalofrío, un sentimiento de extrañeza, de ambigüedad, de crisis.

En "Bestiario", nos encontramos nuevamente con un microcosmos cerrado: una casa de campo donde se acepta la presencia de un tigre que representa una amenaza para la familia. Este animal es controlado por el capataz que avisa a los habitantes de Los Horneros el lugar donde se encuentra el felino en cada momento. Isabel, la niña invitada a pasar el verano con Nino, el hijo de Luis y probablemente de Rema (nunca queda claro), observa con desagrado la presencia amenazadora de Nene. Este último personaje, tío de Nino, tiene una actitud dominante y seductora hacia Rema y hostil hacia los niños y hacia su hermano Luis. En un sueño, Isabel lo ve golpeando a Nino, mientras observa a Rema "con la boca dura y hermosa y los labios rojísimos" (52). La actitud de acoso sexual del hombre, apenas percibida por la niña en la vigilia, aparece claramente en su sueño, donde Nene, lleva un revólver y a veces un bastón con puño de plata —ambos símbolos fálicos y de poder. Los labios rojos del hombre representan el deseo hacia Rema. Nene es Eros y Tánatos y el verdadero dueño de los destinos de la familia, junto con el tigre. Luis, pareja de Rema, un hombre débil, permite los avances de su hermano sobre la mujer. "En mi erotismo literario", nos aclara Cortázar "está muy presente el elemento sádico" (53).

Para Freud, la sexualidad muestra una mezcla de agresión, de tendencia a dominar cuya significación biológica estará quizá en la necesidad de vencer la resistencia del objeto sexual. El sadismo corresponderá entonces a un componente agresivo del instinto sexual exagerado. Como podemos ver, el instinto destructivo entra al servicio del deseo sexual. Y es de noche, en sus sueños, cuando las pulsiones sexuales y las pulsiones de muerte de Nene se hacen evidentes para la niña.

Nene y el tigre representan una amenaza continua para la estructura familiar. Finalmente, Isabel miente y permite que Nene vaya a la biblioteca donde se encuentra con el tigre que acaba con él. Rema se da cuenta de la acción de la niña y la abraza con agradecimiento. La amenaza de Nene desaparece pero la del tigre continúa. El deseo, a pesar de la desaparición de Nene, permanece en la figura del tigre que seguirá acosando a los personajes de esta casa de Los Horneros.

Como podemos ver en la historia, el único personaje capaz de enfrentar el poder y el deseo de Nene es Isabel, la niña invitada, el aire fresco que viene de fuera. Sólo ella sueña, hasta donde nosotros podemos saber, y con sus sueños recibe un mensaje.

El juego es un elemento importante en la historia. Los niños juegan con los animales, organizan una granja de hormigas en un recipiente de vidrio y sienten el ajetreo nocturno de estos insectos. Un mundo perturbador, como el inconsciente, se agita ante la mirada asombrada de Isabel: "pensó en el formicario y era una cosa muerta y rezumante, un horror de patas buscando salir, un aire viciado y venenoso… En plena oscuridad las hormigas habían estado trabajando. Las vio ir y venir, bullentes, en un silencio tan visible, tan palpable. Trabajaban allí dentro, como si no hubieran perdido todavía la esperanza de salir" (54).

Como las pulsiones, las hormigas se arrastran por los túneles buscando la salida, buscando la expresión abierta del deseo reprimido, acotado, encerrado en una caja de cristal. El inconsciente, donde se guardan todos los deseos reprimidos, "el aire viciado y venenoso", debe ser taponado. Y, aunque los personajes viven tratando de ignorar sus sentimientos profundos, éstos, como las hormigas, no dejan de moverse buscando la puerta que los deje en libertad.

Los animales tienen un papel preponderante en esta historia. El tigre es un símbolo de los deseos subterráneos, es una figura inquietante, un peligro permanente dentro de la familia. Pertenece al orden de *lo real*, de lo no pronunciable, de las pulsiones, del deseo incestuoso de Nene por su cuñada, del deseo de Isabel por Rema. El formicario representa el inconsciente con sus pulsiones, las hormigas.

Debemos hacer referencia al cuento de Cortázar "Los venenos", donde encontramos varios paralelismos con "Bestiario". En este relato, las hormigas también juegan un papel importante en la historia. Éstas invaden el jardín de la casa del protagonista principal: "Conocíamos bien a las hormigas de Banfield, las hormigas negras que se van comiendo todo, hacen los hormigueros en la tierra, en los zócalos, o en ese pedazo misterioso donde una casa se hunde en el suelo, allí hacen agujeros disimulados pero no pueden esconder su fila negra que va y viene trayendo pedacitos de hojas, y los pedacitos de hojas eran las plantas del jardín" (55). El acoso de estos animales lleva a la familia a comprar un aparato que produce gases venenosos para acabar con la plaga. El veneno ya había matado a tres niños en Flores, sólo por tocar una lata.

En el cuento, el amor del protagonista (un niño de diez años), por su vecina Lila se ve traicionado y, finalmente, despechado, permite que los gases venenosos crucen las galerías y llenen de humo el jardín donde ella se encuentra junto a un jazmín recién trasplantado. Ante esta situación de ruptura, el niño saldrá transformado. "El rito iniciático" se da al final del relato (56).

En esta historia, al igual que en "Bestiario", las hormigas, que son eliminadas por miles, también recorren las galerías: "Pensaba en muchas cosas, pero sobre todo en las hormigas, ahora que había visto lo que eran los hormigueros me quedaba pensando en las galerías que cruzaban por todos lados y que nadie veía. Como las venas en mis piernas, que apenas se distinguían debajo de la piel, pero llenas de hormigas y misterios que iban y venían. Si uno comía un poco de veneno, en realidad venía a ser lo mismo que el humo de la máquina, el veneno andaba por las venas del cuerpo igual que el humo en la tierra, no había mucha diferencia" (57). Para el niño, estas hormigas pueden fluir por su cuerpo, por sus venas, como el veneno, como las pulsiones, y es este veneno el que lo corroe cuando descubre que Lila está interesada en su primo Hugo y no en él.

En este relato existe una voluntad de acabar con este animal que se mueve libremente en los jardines de Banfield, ciudad donde transcurrió la infancia del autor, en contraste con el formicario de "Bestiario" donde las hormigas tienen un límite, que es el vidrio que las separa de los ojos de Isabel y Nino, y donde se respeta su ir y venir. Las pulsiones que bullen en ambas galerías resultan perturbadoras, ya que están relacionadas con el deseo y la muerte.

Los niños, aparentemente inocentes, encierran ya la semilla del Mal, elemento que encontramos en muchos cuentos de Cortázar. Tanto Isabel como el protagonista de "Los venenos" dirigen hacia la muerte, en un caso a Nene, que estorba a los intereses de Isabel, y en el otro al jazmín recién trasplantado que aparece como un sustituto de la propia Lila que lo defrauda y a la que, inconscientemente, desea eliminar.

En "Después del almuerzo" el niño, que obligado por sus padres debe pasear a un ente extraño por la calle, exclama: "...y hubiera querido que se muriera, que ya estuviera muerto, o que papá y mamá estuvieran muertos, y yo también al fin y al cabo, que todos estuvieran muertos y enterrados..." (58).

La perversidad infantil, la presentación de un mundo de maldad y sexualidad entre los pequeños se presenta como una constante en estos cuentos de Cortázar. Esta idea trasgresora va en contra de la creencia generalizada de la bondad e inocencia infantil.

Cortázar declara: "La infancia es capital para mí. Fui un niño terriblemente precoz, con todas las desventajas que eso supone... Y una de las cosas que me dolía continuamente era la insensibilidad que mostraban en relación a cosas que me producían reacciones muy violentas... un niño con esa hipersensibilidad queda muy marcado. Entonces es bastante lógico que cuando empecé a escribir, ya al final de la adolescencia, en la primera juventud, todas esas capas que aparentemente habían quedado atrás volvieran en forma de personajes, de semiconfesiones, como es el caso del cuento "Los venenos" y como es el caso de "Bestiario". El fondo de sensibilidad de la niña Isabel en "Bestiario" es el mío, y el niño de "Los venenos" soy yo. En general, los niños que circulan por mis cuentos me representan de alguna manera" (59). Eros y Tánatos están presentes en estos niños cortazarianos.

Como sabemos, Freud tiene una concepción dualista de las pulsiones: Eros, pulsiones de vida y Tánatos, de muerte. En las pulsiones sexuales, considera que existe un componente sádico relacionado con la pulsión de muerte, que puede llegar a dominar el impulso sexual del individuo en calidad de perversión. El masoquismo, complementario del sadismo, puede considerarse como un retorno del sadismo contra el propio *yo*.

En "Bestiario", Rema se somete a los requerimientos de Nene y sufre. Luis, no puede enfrentar a su hermano y debe someterse. Nene domina y hace sufrir a su cuñada, a su hermano y a Nino. También los niños participan de un juego sádico: Nino mata caracoles poniéndolos a secar sobre una chapa de zinc, Isabel desea decapitar a un mamboretá de un tijeretazo. La muerte aparece como una amenaza durante toda la narración y los personajes aprenden a convivir con ella. "Al fin y al cabo era una vida triste" (60), nos relata la protagonista infantil de "Bestiario". La casa, también triste, donde debe pasar sus vacaciones Isabel, es recreada por Cortázar como un mundo peligroso, cerrado, agresivo, lleno de conflictos sugeridos donde Rema llora de noche y Luis murmura: "Es un miserable, es un miserable".

A semejanza del cuento anterior, el entorno familiar es un mundo amenazado, peligroso, que invita a la pasividad o a la muerte. Los personajes difícilmente enfrentan sus problemas, ni tratan de cambiar, sólo aceptan como un destino los acontecimientos. Es necesaria la llegada de Isabel, una niña ajena, para resolver el conflicto que vive la familia. Y es ella la que "asistida por su narrador (en tercera persona pero desde la perspectiva de la primera persona), la que levanta los mundos alegóricos donde queda codificada la situación familiar... 'Y le gustaba repetir el mundo grande en el de cristal'" (61).

Isabel es la conciencia y se ocupa en llevar apuntes, escribir cartas, y observar. Observa a las hormigas en el formicario luchando por el territorio: "se pelearían, guerra sin cuartel para mirar por los vidrios" (62). Observa también a Nene y a Luis luchando, de manera insinuada, por el amor de Rema. También observa a Rema que suspira, observa los dedos de Nene que se equivocan y tocan los dedos de la mujer, en lugar de la taza de café. Observa a Luis besando a Rema y piensa que nunca la ha visto besar a Nene. Y ante la pregunta sobre si Nene está enojado con Rema, aparece el miedo, el miedo a la respuesta: "Rema se había ido, andaba por el corredor como escapando de algo. Isabel sintió miedo de su pregunta, un miedo sordo y sin sentido, quizá no de la pregunta como de verla irse así a Rema" (63). Y las preguntas nacen y son eliminadas inmediatamente: "porque Rema parecía detener, con su tersa bondad, toda pregunta" (64).

En "Bestiario" no se permite que la pregunta se formule, conservando el misterio durante todo el cuento: "el relato y el relator vedan la afloración de la pregunta, manteniendo así la presencia de lo oculto no hasta el final del relato, sino hasta más allá del final, hasta la relectura. La clave y el despiste están presentes desde la iniciación del relato. El tigre representa el misterio, pero también es la huella equívoca" (65). El tigre es el centro de la pregunta y no permite que se cuestione qué hay detrás de la presencia del animal.

Sin embargo, las preguntas se suceden. Isabel le preguntaba a Roberto, el capataz, sobre los movimientos del tigre, "a Luis no le preguntaba nada porque pocas veces sabía. Al Nene, que sabía siempre no le preguntó jamás", y "a Rema no quería preguntarle..." (66). Estas declaraciones de Isabel encierran otro significado: Nene sabe qué está ocurriendo a nivel profundo en la vida de la familia, Rema también, y este conocimiento no debe ser revelado; Nene, como adulto, asume el control y está consciente de su deseo y de la sumisión de Rema y de Luis. Este último, como un niño, no está enterado de la dinámica familiar, todo lo que se insinúa queda vedado a su conocimiento. Él no sabe. Sólo en un momento de lucidez es capaz de percibir el acoso de su hermano sobre Rema. Sin embargo, no es capaz de asumir una responsabilidad y terminar con esta situación indeseable. Isabel, siendo sólo una niña, se da cuenta de que las razones importantes siempre faltaban.

En contraste, en "Usted se tendió a tu lado" el deseo subterráneo, incestuoso, entre la madre y el hijo, evidente para el lector, alcanza a esbozarse entre los protagonistas con "una pregunta sin verdadera voluntad de respuesta, más bien una carencia bruscamente asumida: el cuerpo de Roberto en la ducha, un masaje en la rodilla lastimada, imágenes que no habían vuelto desde vaya a saber cuándo, en todo caso meses y meses desde la última vez que lo había visto desnudo..." (67). Ante las caricias, las cosquillas y el jugueteo entre ambos, la necesidad de un cambio, de establecer un límite se hace evidente para el hijo de más de quince años: ("también eso tenía que cesar antes o después, lo supiste como un golpe sordo, el filo del límite tenía que caer en una noche o una mañana cualquiera. Vos habías hecho los primeros gestos de la distancia, encerrarte en el baño, cambiarte a solas...") (68), y para la madre también, ("era usted quien haría caer el filo del límite en un momento que acaso era ahora, esa última caricia en tu espalda. Si al nene le dolía la garganta, ya sabía dónde estaban las pastillas") (69). Sin embargo, siempre existe la posibilidad de desconocer los límites: "El filo del límite, ¿qué filo, qué límite? Todavía era posible que uno de esos días la puerta del baño no estuviera cerrada con llave y que usted entrara y te sorprendiera desnudo y enjabonado y de golpe confuso. O al revés, que vos te quedaras mirándola desde la puerta cuando usted saliera de la ducha, como tantos años se habían mirado y jugado mientras se secaban y se vestían. ¿Cuál era el límite, cuál era realmente el límite?" (70). Y el límite ya está ahí, se llama Lilian, la joven que en el último párrafo se sienta en la playa entre madre e hijo. Sin embargo, la fuerza de este deseo incestuoso y su posibilidad de realización queda planteada.

El nombre del incesto no alcanza a pronunciarse por los personajes de "Casa tomada" y "Bestiario" (1951). La vida transcurre como si las pulsiones no existieran. En contraste, en "Usted se tendió a tu lado" (1977) se esboza la pregunta sin escribir con palabras el nombre del deseo.

Después de 26 años, los transcurridos entre la publicación de ambos cuentos ("Bestiario" y "Usted se tendió a su lado"), Cortázar se atreve a enfrentar a sus personajes a este río arrasador que por fin aflora. El deseo, percibido por madre e hijo, les permite pensar en la necesidad de establecer límites, de aceptar el cambio. Sin embargo, no estamos muy seguros que este cambio se dará, ya que la fuerza de las pulsiones, la búsqueda de un encuentro de esos cuerpos desnudos, se presume arrasadora. Como en "Bestiario", donde el tigre permanece como símbolo del deseo, en "Usted se tendió a tu lado", la posibilidad de ese encuentro futuro se deja sentir al final del relato.

Las preguntas que nunca se plantean en "Bestiario" son el hilo que teje la historia. Para Sara Castro-Klarén, "el juego ostensible/verdadero en que todos participan es el de evitar la muerte a manos del tigre. Pero este juego mortal se sostiene siempre y cuando nadie pregunte el por qué de ese juego innecesario/necesario" (71). Ese tigre está relacionado con el deseo inocultable de Nene, con ese deseo que es necesario destruir, ese deseo que finalmente termina devorándolo.

En "De la transgresión a lo fantástico en Cortázar" la autora asume una atracción homosexual de Isabel hacia Rema. Al inicio de la narración, Isabel recuerda con nostalgia: "las manos de Rema que daban deseos de llorar y sentirlas eternamente contra su cabeza, en una caricia casi de muerte y de vainillas con crema, las dos mejores cosas de la vida" (72). Más adelante, justo antes del desenlace, ella exclama: "Por favor, por favor, Rema, Rema. Cuánto la quería y esa voz de tristeza sin fondo, sin razón posible, la voz misma de la tristeza. Por favor, Rema, Rema... Un calor de Rema, de dejarse llevar en brazos por Rema, una voluntad de morirse mirándola y que Rema le tuviera lástima, le pasara finos dedos frescos por el pelo, por los párpados..." (73). Este deseo subterráneo, oculto, tanto para los integrantes de la casa, como para los lectores, se presenta veladamente y es el más destructivo, ya que lleva a Nene a la muerte.

Isabel salva a Rema del acoso del cuñado, pero la salva de manera egoísta, para no tener que compartirla con él. Isabel se convierte en asesina por el amor de Rema: "o era la mano de Rema que le tomaba el hombro, le hacía alzar la cabeza para mirarla, para estarla mirando una eternidad, rota por su llanto feroz contra la pollera de Rema, su alterada alegría, y Rema pasándole la mano por el pelo, calmándola con un suave apretar de dedos y un murmullo contra su oído, un balbucear como de gratitud, de innominable aquiescencia" (74). Dentro del llanto de Isabel sobresale su alterada alegría. En un juego sadomasoquista, la niña destruye a Nene y se somete ("por favor, por favor") amorosamente a Rema. En este momento la pregunta ha encontrado una respuesta, lo oculto se insinúa e Isabel logra un doble fin, matar a Nene y quedarse con el amor de Rema, los dos deseos prohibidos que no podían ser pronunciados.

En su papel sádico, Isabel se asume como verdugo. Deleuze afirma: "Del sádico habría que decir que posee un *superyó* enérgico y avasallador. El sádico tiene un *superyó* tan fuerte que se ha identificado con él. Él es su propio *superyó* y sólo podrá encontrar un *yo* en el exterior" (75). Y ese *yo* al que castiga es a Nene.

La transgresión está en el deseo prohibido, el deseo que se esconde entre los renglones de la narración para que los lectores, al igual que los protagonistas, no lo puedan percibir fácilmente. La pulsión sexual y la pulsión de muerte viven en cada párrafo de la historia. Y la pulsión no descansará después de cerrar el libro, ya que el tigre todavía anda suelto en la casa.

La sensación de lo "fantástico", de misterio, para Castro-Klarén, reside, como ya lo dijimos, en "la supresión textual del contenido psicológico y pasional de la conducta de los personajes" (76). De la misma manera que a través de las fisuras del inconsciente se hacen patentes los deseos prohibidos que guardamos celosamente en el interior, así "los deseos enmascarados, movilizan el texto hacia la fisura por la que surgen" (77).

Para Cortázar la literatura ofrece poderes terapéuticos, ya que, para él varios cuentos de <u>Bestiario</u> fueron "autoterapias de tipo psicoanalítico" que lo liberaron de "síntomas neuróticos que me molestaban pero que jamás me hubieran obligado a consultar a un psicoanalista" (78).

Como hemos visto, tanto "Casa tomada" como "Bestiario" "presentan un contenido ético". "Casa tomada" es una historia "de culpa y castigo, lo cual supone la existencia de 'buenos' y 'malos', donde estos últimos deben recibir la punición correspondiente. En el cuento 'Bestiario', sus personajes están claramente clasificados en este sentido: Rema y Luis son los 'buenos', mientras que Nene, el hermano incestuoso y violento, es el 'malo'" (79). Sin embargo, Isabel tiene un papel ambiguo. Dada su visión, algunos críticos han llegado a calificar a este escritor como moralista.

Es interesante hacer notar que en "Los venenos" y "Usted se tendió a tu lado" no existe esa carga moral que sí encontramos en los cuentos antes citados. Tanto el protagonista encargado de envenenar a las hormigas, como la madre y el hijo que no pueden controlar sus deseos incestuosos, no son identificables con la idea del bien o del mal. Son seres humanos con problemas y nada más.

Para Julio Matos, "Bestiario" está planteado, como la lucha de la inocencia contra las fuerzas del mal (el tigre y Nene). Isabel, como en los cuentos infantiles, es la heroína que "habiendo caído en poder del ogro o de la bruja, logra, con su ingenio, engañarlos y hacerlos víctimas de su propia maldad". Como en las leyendas, la historia "refiere la doma y destrucción de un monstruo por obra de la virtud o de la pureza" (80). Sin embargo, esta "heroína" vengadora que lucha contra el mal, en realidad representa la corrupción de la inocencia en la figura de Isabel. Ésta, después de la muerte de Nene, entrará a formar parte de ese universo corrompido, donde habita el deseo.

En ambos cuentos, "Casa tomada" y "Bestiario" observamos algunos elementos que se repiten: la casa y su ambiente opresivo, la amenaza constante, el mal, los deseos inconfesables, subterráneos, que no se atreven a salir de manera abierta, pero afloran disfrazados. También se repite la incapacidad de los protagonistas de tomar decisiones y resolver conflictos. Todo parece ser obra de un destino que se debe acatar y sufrir sin oponer resistencia.

El mundo de Cortázar es inasible. Los demonios interiores aparecen veladamente, todo queda en la incertidumbre; los conflictos se sugieren pero nunca son asumidos por los personajes como parte de la realidad. Éstos los dejan vivir, crecer, y permiten que ellos dirijan su vida y los destruyan. Las pulsiones se materializan y se convierten en una amenaza para la integridad familiar. El *fantasma* los mueve y el deseo, como un río subterráneo, socava la estructura de estos seres. La pasividad es una forma de vida y, más allá del final de estas historias, la amenaza que afloró en estos cuentos, aún perdura.

La transgresión a las reglas de la moral social forma parte de estas historias, que no presentan un "aspecto sonriente". "Y no hay que culpar a nadie, porque a veces el poeta escoge sus objetos y a veces los objetos escogen al poeta" (81).

3. EL DESBORDAMIENTO DE LAS PULSIONES
"Carta a una señorita en parís", "Que no se culpe a nadie"

> La vida humana siempre discurre en la conjunción de múltiples factores (infinitos, quizá): internos y externos, naturales y culturales, individuales y sociales, reales e ideales. Todos son "hilos" con que se teje nuestro "destino": hilos que salen de dentro, que vienen de fuera; hilos nuestros, hilos ajenos; que vienen de antaño, que surgen de ahora; hilos que llegan también del porvenir.
>
> Juliana González (1)

Para los personajes de "Carta a una señorita en París" y "Que no se culpe a nadie", dominados por las pulsiones e inmersos en una sociedad que exige la represión de éstas, no existe la posibilidad de tranquilidad, mucho menos de ser felices.

La cultura nos ha privado de la opción de satisfacer nuestras pulsiones, lo cual nos provoca pesar. Sin embargo, de acuerdo con Freud, el plan de la creación no tiene el propósito de que los hombres sean felices. El sufrimiento nos amenaza desde el interior de nuestro cuerpo, en forma de dolor y angustia, y desde el exterior con fuerzas destructoras implacables y a través de la relación con los otros. El dolor que emana de esta última fuente puede ser el más intenso.

Los personajes de "Carta a una señorita en París" y "Que no se culpe a nadie", angustiados y asediados por sus pulsiones, son llevados al límite, por estas fuerzas destructoras. Sin embargo, a pesar de que el hombre busque la felicidad y el goce, muchas veces, sus deseos reprimidos lo empujan al fracaso y al abandono de sus metas, como le ocurre a la mayoría de los personajes de Cortázar.

Para Freud, el "principio del placer" está dado por un impulso apremiante que requiere acción inmediata. Esta urgencia, que debería llamarse "principio de deseo apremiante de goce" (2), no sólo está ligada a la satisfacción de las necesidades vitales, sino que está ligada principalmente a los procesos de realización de deseos inconscientes; rige el campo del *fantasma* y condiciona los procesos inconscientes y el funcionamiento del *ello*. Este último, asiento de todos los deseos vehementes y de los impulsos en ebullición, las pulsiones, busca la satisfacción inmediata y sin condiciones de las exigencias instintivas, lo que provoca una descarga de energía. Esta descarga fue definida por Freud como el "principio del placer" que se transforma, por influencia del mundo exterior, en "principio de la realidad". Éste toma en cuenta las condiciones impuestas por la sociedad para la satisfacción de deseos. Es un principio regulador que busca caminos, aprende a postergar, o se adapta a las condiciones del momento, asumiendo las obligaciones sociales y familiares. Está ligado al desarrollo de las funciones conscientes de la personalidad; por tanto, condiciona el funcionamiento del *yo*. No suprime el "principio del placer", ligado al deseo reprimido, sólo lo limita en función de la protección del *yo*. Así, el escapar al sufrimiento se vuelve más importante que el logro del placer. Se prefiere la prudencia a la felicidad y en este proceso el hombre tiene que pagar las consecuencias. El sufrimiento es, por tanto, un destino ineludible. Sin embargo, el individuo llevado a un límite puede desbordarse y buscar la satisfacción de sus pulsiones a pesar de las implicaciones negativas que este hecho le reporte, como les ocurre a muchos personajes de Julio Cortázar.

En 1885, Freud estuvo en contacto con los experimentos del Dr. Charcot y Bernheim sobre hipnotismo, que lo llevaron a concluir que quizá la gente no supiera lo que en realidad sabía y que en algunas partes de nuestra vida mental existen recuerdos y pulsiones que están ocultas y son inaccesibles a la conciencia. El descubrimiento de los fenómenos inconscientes y la incorporación de éstos a un sistema científico fue un aporte importante de este investigador, en una época donde muchos psicólogos dudaban de los postulados freudianos. El concepto de que existen procesos inconscientes es fundamental en la teoría psicoanalítica (3).

Para Freud, como ya dijimos, la idea del inconsciente está relacionada con un concepto topográfico, donde éste no es un modo de sentir los fenómenos mentales, sino una región de la mente humana dividida en tres estratos, de los cuales el inferior sería el inconsciente; el medio, el preconsciente, y el superior, el consciente. La idea de la existencia de fenómenos inconscientes, para este autor, era un hecho que podía ser demostrado. Las amnesias y la personalidad disociada, la interpretación de los sueños, la psicopatología de la vida cotidiana, la formación de síntomas y el proceso de resistencia y transferencia en el tratamiento psicoanalítico, eran pruebas de la existencia inobjetable del inconsciente.

Dentro de la mente humana, el inconsciente almacena recuerdos del pasado y las experiencias de la primera infancia, que son inaccesibles para la conciencia. Muchos deseos infantiles son irrealizables y sobreviven en la profundidad del inconsciente.

Se le da el nombre de inconsciente a lo reprimido dinámicamente que sólo podría hacerse consciente gracias a los esfuerzos descifradores de los procedimientos psicoanalíticos, enlazando una representación con su representación verbal correspondiente. La conciencia es la superficie del aparato anímico. Algunos analistas consideran que la inspiración creadora de los escritores y artistas empieza en la preconciencia.

Las teorías freudianas se han infiltrado con gran relevancia en el pensamiento filosófico actual. En <u>Psicoanálisis del arte</u>, Sigmund Freud analiza un sueño en la obra Gradiva, de W. Jensen; da una interpretación del Moisés de Miguel Ángel y examina el parricidio dentro de la personalidad de Dostoievski. En <u>Psicoanálisis aplicado</u>, expone en "El tema de la elección del cofrecillo" su interpretación de un pasaje en la obra de W. Shakespeare, entre otros ensayos. A partir de estos ejemplos, numerosos críticos han utilizado estos fundamentos psicoanalíticos, aportando nuevos enfoques para revisar las obras literarias.

La belleza artística, para Charles Baudoin, "podría vincularse a algún instinto, pero siempre a un instinto que renuncia a su satisfacción" (4). Podemos decir que el arte surge gracias a la sublimación. El lector accede a un "estado estético" que contribuye al sentimiento de belleza. Para Charles Mauron, en "La Psicocrítica y su método" (5), la creación literaria está sujeta a tres variables: la personalidad del creador, el medio social y el lenguaje.

El psicoanálisis existe a través de la palabra, ésta genera imágenes y estas imágenes, a su vez, generan palabras. Freud establece una relación entre la conciencia y estas "representaciones verbales". Más aún, para Lacan, el inconsciente está estructurado como un lenguaje.

En "Cartas a una señorita en París", un narrador protagonista escribe a su amiga Andrée, que vive en París. Desde el primer párrafo aparece el conflicto: "Andrée, yo no quería venirme a vivir a su departamento de la calle Suipacha. No tanto por los conejitos, más bien porque me duele ingresar en un orden cerrado, construido ya hasta en las más finas mallas del aire... qué difícil oponerse, aun aceptándolo con entera sumisión del propio ser, al orden minucioso que una mujer instaura en su liviana residencia" (6).

El microcosmos cerrado, que analizamos en "Casa tomada" y en "Bestiario", se transforma aquí en un departamento, de orden excesivo establecido por una mujer, donde este individuo debe vivir hasta que la dueña regrese de París. "Como en todos los cuentos de Cortázar, el espacio físico es un símbolo del espacio interno de los personajes" (7). Claudio Cifuentes considera que en "Casa tomada" el invasor elimina a los sustentadores del "orden" de la casa, los hermanos, en contraste con "Carta a una señorita en París", donde el invasor es aniquilado por el orden y termina suicidándose. Este orden en ambos textos se describe como minucioso (8).

Al llegar a su nueva morada, en el momento en que el protagonista se encuentra en el elevador, entre el primero y el segundo piso, siente que va a vomitar un conejito, hecho que le ocurre con frecuencia pero que guarda en secreto. A lo largo del relato nos enteramos de la dificultad de mantener este secreto, ya que a medida que vomita conejitos, éstos empiezan a salirse de control hundiendo en la angustia al narrador.

El ambiente del departamento, como la sociedad en su conjunto, tiene reglas muy rígidas, que se deben acatar. El orden en la vivienda es tan evidente que el personaje se siente culpable de mover una tacita de metal para colocar en su lugar sus diccionarios y libros. La transgresión en contra de este orden rígido establecido se da en cada momento de la historia. "Y yo no puedo acercar los dedos a un libro, ceñir apenas el cono de luz de una lámpara, destapar la caja de música, sin que un sentimiento de ultraje y desafío me pase por los ojos como una banda de gorriones" (9).

En su epístola, el narrador cuenta cómo, poco a poco, la producción de conejos, que es descrita como un parto donde los dedos funcionan como forceps, sale de su control y cómo éstos, a medida que crecen, empiezan a causar desperfectos en el departamento de Andrée. Cuando el número de conejos pasa de diez a once el hombre no puede tolerarlo más y termina lanzando a los animales por la ventana para saltar él detrás.

Para el narrador, cada nuevo conejito "repetía las costumbres del anterior. Las costumbres son formas concretas del ritmo, son la cuota de ritmo que nos ayuda a vivir" (10). Y es ese ritmo precisamente el que se desquicia cuando la producción de animales aumenta, cuando éstos no acatan las reglas de orden y limpieza de la casa. El personaje de esta historia se siente aislado y sometido a una rigidez exasperante. La transgresión en este ambiente, que representa a la sociedad, se da a todos niveles. Se transgrede el orden cuando se toca un libro, cuando se producen conejitos, cuando se permite que éstos se muevan por la casa con absoluta libertad.

El control de los conejitos debe ser severo para que estos no afecten la vida cotidiana del personaje, de la misma manera que las pulsiones deben ser reprimidas, para que el individuo pueda ajustarse a las reglas rígidas de la sociedad. El "principio del placer", ligado al deseo reprimido, regido por las pulsiones, debe ajustarse al "principio de la realidad" y tomar en cuenta las condiciones del mundo exterior. En este proceso los impulsos son sometidos a un examen, si son rechazados por la censura se les reprime y tienen que permanecer inconscientes. Si son aceptados pueden ser susceptibles de conciencia. Para hacer consciente un acto psíquico es necesario cancelar la represión y vencer las resistencias que tienden a mantener en el inconsciente los recuerdos y deseos que causan conflicto. Los conejitos, como las pulsiones, tras un gran esfuerzo logran vencer las resistencias y afloran a la superficie.

Como ya dijimos, el inconsciente está estrechamente ligado a la represión. "El psicoanálisis nos ha enseñado que la esencia del proceso de la represión no consiste en cancelar, en aniquilar una representación, representante de la pulsión, sino en impedirle que devenga consciente. Decimos entonces que se encuentra en el estado de lo inconsciente... Todo lo reprimido tiene que permanecer inconsciente... Sin embargo, lo reprimido no recubre todo lo inconsciente" (11).

Según las observaciones de Freud, el individuo no recuerda nada de lo reprimido, pero lo actúa. "No lo reproduce como recuerdo, sino como acción; lo repite sin saber, desde luego, que lo hace" (12).

Las pulsiones deben ser reprimidas, deben someterse a las normas impuestas por el *superyó*. Éstas, sin embargo, buscarán la manera de expresarse, de hacerse conscientes y encontrar su satisfacción. Esta lucha por salir a la superficie crea tensión y da como resultado un sentimiento de culpabilidad, que buscará el castigo; en el caso de "Carta a una señorita en París", el castigo es la muerte: "Uno se siente culpable cuando ha cometido algo que se considera 'malo'... también podrá sentirse culpable quien no haya hecho nada malo, sino tan solo reconozca en sí la intención de hacerlo" (13). Muchas veces lo malo no es lo nocivo o peligroso para el *yo*, sino simplemente algo que éste desea y que le provoca placer.

En "Carta a una señorita en París", para Luis Eyzaguirre, "las fuerzas de lo irracional" son los conejitos que vomita el narrador (14). Éstos, como las pulsiones, salen del interior del sujeto y provocan angustia. Una primera reacción es eliminarlos, darles de beber alcohol. Sin embargo, el narrador decide no hacerlo y elabora un plan para poder convivir con ellos sin que la señora de la limpieza se entere de su existencia. Así, los encierra de día y les permite salir de noche. Como sabemos, la noche es propicia para los sueños y éstos son una puerta de salida del inconsciente, una puerta para la manifestación de las pulsiones y deseos inconfesables que no nos atrevemos a aceptar.

La pulsión reprimida nunca deja de aspirar a su satisfacción plena. "El mantenimiento de una represión implica un dispendio continuo de fuerza, puesto que lo reprimido ejerce presión en dirección a lo consciente, pero ante esta presión se impone una contrapresión en sentido opuesto, debido a la tendencia al equilibrio" (15).

Las pulsiones, guardadas celosamente en el interior del inconsciente, como los conejitos son guardados celosamente en el interior de un armario, buscan una manera de vencer la censura, salir a la luz y buscar su satisfacción. En un ambiente de más libertad, aquel anterior al departamento de la señorita, el manejo de los animales se daba sin provocar conflictos: "Yo tenía resuelto el problema de los conejitos" (16). Sin embargo, en el momento en que éstos se mueven en un ambiente rígido y la necesidad de control se vuelve un imperativo, estos producen una gran angustia que sólo se resuelve con la muerte. Los primeros roedores que aparecen, como pulsiones aisladas, provocan desconcierto y hacen que el protagonista busque la manera de lidiar con ellos. Sin embargo, cuando estos conejitos-pulsiones aparecen en mayor número, cuando todo el aparato psíquico no puede mantenerlos reprimidos en el interior, se pierde el equilibrio sobre el cual se sustentaba el bienestar emocional del protagonista. Cuando todo se sale de control, cuando la angustia crece a niveles inaguantables, el protagonista se suicida.

En "Carta de una señorita en París", lo fantástico se da en el momento en que el personaje empieza a vomitar conejitos. La aceptación de este hecho antinatural, presentado como algo cotidiano, crea esta sensación de extrañeza, de transgresión y nos hace vacilar.

En esta historia, el mundo de lo cotidiano es un mundo ordenado y vacío: "Los conejitos vomitados son la oposición a ingresar a un orden cerrado y pertenecen, estrictamente a lo maravilloso. La negativa que representan los conejitos a una rutinaria vida estéril surge del fondo del personaje, pero su parte consciente toma la misma decisión que los hermanos de 'Casa tomada': oponérsele, continuar la vida de siempre... y trata de reducir lo maravilloso a lo extraño hasta hacerlo una costumbre" (17). Al personaje, enajenado en su realidad, le falta valor para enfrentarse a "lo otro".

"Son diez, casi todos blancos... diez manchas livianas se trasladan como una moviente constelación de una parte a otra, mientras yo quisiera verlos quietos, verlos a mis pies y quietos –un poco el sueño de todo dios, Andrée, el sueño nunca cumplido de los dioses-" (18). En este universo cerrado "regido por un Dios que sufre de su condición de serlo" (19), el fracaso de Dios es evidente. Él, que no puede organizar adecuadamente su creación, se queja y se siente culpable. Sin embargo, el mundo de los conejos, que responde a sus propias reglas y a su propio Dios, ajeno al personaje, crece y se multiplica, en su propio paraíso. Así, en el espacio pequeño y limitado de un departamento, se dan cita el dios-protagonista, que no puede con los estropicios de sus criaturas y el dios de estos animales que se reproducen, sin necesidad de mantener una relación entre ambos. La creación de estos dioses que no son compatibles entre sí termina destruida en la calle Suipacha.

Para Flora Botton Burlá, en "Cartas a una señorita en París" aparecen dos niveles de transgresión: la existencia de los conejitos en la realidad del narrador y la producción descontrolada de éstos. La existencia de la transgresión es una condición necesaria para considerar este cuento como fantástico; sin embargo, la falta de ambigüedad en cuanto a la existencia de estos animales, nos lleva a considerar el cuento como "maravilloso", ya que el fenómeno se acepta asumiendo la existencia de leyes desconocidas para el lector. Por lo tanto, este cuento se encuentra en el límite entre lo fantástico y lo maravilloso, donde nos enfrentamos a *lo real*.

Como ya dijimos anteriormente, *lo real*, lo innombrable, el núcleo más profundo del inconsciente al que nunca podremos acceder, está relacionado con la angustia y esta última aparece cuando el sujeto se acerca a su deseo. Éste aparece en el cuento con la forma de un conejito de aspecto inofensivo. Sin embargo, estos animalitos, a pesar de su imagen inocente, son capaces de provocar una reacción desmesurada en el sujeto. La muerte es la única puerta abierta, para este narrador protagonista, ante el acoso implacable de las pulsiones. La soledad, la incomunicación y la culpa que carga el creador de conejitos ayudan a provocar su inevitable final.

En "Que no se culpe a nadie", Cortázar nos presenta la extraña batalla de un hombre consigo mismo. En el momento en que el protagonista se pone un suéter azul, porque es invierno y hace frío éste, como una mortaja, lo aprisiona. El individuo trata de eliminar esta "baba azul" que le impide respirar y entabla una lucha desesperada con el suéter y con su mano derecha que a mitad del relato se encuentra libre de la cárcel del pulóver. Esta mano libre se vuelve hostil contra él y lo agrede con saña. Primero, no le permite sacarse el suéter de la cara e impide que la mano izquierda se libere. Finalmente, ambas manos se vuelven enemigas: "...aunque es casi imposible coordinar los movimientos de las dos manos, como si la mano izquierda fuese una rata metida en una jaula y desde afuera otra rata quisiera ayudarla a escaparse, a menos que en vez de ayudarla la esté mordiendo porque de golpe le duele la mano prisionera y a la vez la otra mano se hinca con todas las fuerzas en eso que debe ser su mano y que le duele..." (20).

Cuando por fin sale al aire frío y entreabre los ojos, se encuentra con "las cinco uñas negras suspendidas apuntando a sus ojos, y tiene el tiempo de bajar los párpados y echarse atrás cubriéndose con la mano izquierda que es su mano, que es todo lo que le queda para que lo defienda desde dentro de la manga..." (21). Finalmente, tratando de huir de la mano derecha y del suéter de lana azul, cae al vacío de doce pisos.

La división del sujeto se da entre la mano derecha del protagonista y el resto de su cuerpo. "De un tirón se arranca la manga del pulóver y se mira la mano como si no fuese la suya" (22). La identidad se divide, la mano derecha es "lo otro" y se vuelve contra sí mismo, destruyendo al sujeto. "La otredad puede manifestarse... como división del sentir y el pensar de un sujeto, pues el protagonista experimenta su cuerpo o sus ideas como si fueran ajenas" (23).

Como en el cuento anterior, dentro del individuo se producen fenómenos extraños que terminan con su estabilidad emocional y con su vida. Aquí, amordazado por un suéter, atrapado en su propia represión, el protagonista sucumbe en la lucha que se da entre dos zonas de su cuerpo. La mano derecha, cinco uñas negras hostiles, que lo arañan y pellizcan a través de la ropa, representan los instintos agresivos que se liberan y actúan en contra del propio sujeto. El microcosmos asfixiante del suéter en la cara, como una sociedad represora, lo somete a su tejido tiránico. Y ante la agresión, ante la aparición de las pulsiones de muerte, no puede defenderse ya que "toda su voluntad acaba en la mano izquierda" (24).

La debilidad del protagonista ante esta fuerza avasalladora es evidente. La lucha es dispareja: la mano derecha, la mano fuerte, contra la parte débil de su ser. Las pulsiones, como un manantial explosivo, derriban los muros de la represión y ganan la batalla. La angustia que provoca el enfrentarse a *lo real*, a lo innombrable, trae consigo, en esta historia, la destrucción del individuo.

Todo lo reprimido es inconsciente y se gobierna por "el principio de placer" y no por el "principio de la realidad", como ya dijimos. Lo inconsciente es amoral, ahí: "todos somos igualmente culpables e inocentes" (25).

Dado que la cultura impone la renuncia a las pulsiones a favor de los intereses de la comunidad, el ser humano debe hacer grandes sacrificios. El castigo tiene un papel disuasivo para todo aquel que quiera romper las reglas establecidas. Para Freud, "el precio pagado por el progreso de la cultura reside en la pérdida de felicidad por aumento del sentimiento de culpabilidad" (26). Este sentimiento de culpa, que tiene que ver con la severidad del *superyó*, produce angustia y una necesidad de autocastigo. El castigo en este cuento, al igual que en "Carta a una señorita en París" es tan severo que lleva al protagonista a la muerte.

También podríamos encontrar un significado político en esta historia. La mano derecha representaría a la "derecha", la oligarquía, los dueños del dinero y el poder, que van controlándolo todo y apoderándose de las decisiones y de la libertad de todo el cuerpo social. El suéter azul oprime y sofoca al individuo, como lo hace cualquier sociedad tiránica. La "izquierda", débil, no encuentra la forma de defenderse de esta acometida violenta y sucumbe.

En "Que no se culpe a nadie" y en "Carta de una señorita en París", nos encontramos con un conflicto semejante: el desbordamiento de las pulsiones. En ambas historias las pulsiones terminan con la vida del sujeto. El microcosmos, que en un caso es un departamento, llega a ser tan pequeño como el espacio entre una cara y un suéter que la cubre. Las pulsiones se desatan ante un ambiente que les resulta hostil: la rigidez y orden excesivo del departamento, en un caso, y el sofoco y la sensación de pérdida de libertad en el otro. Ambos personajes son incompetentes para manejar las fuerzas que vienen del inconsciente, para mantener reprimidos los deseos prohibidos. Estos últimos se manifiestan y surgen por las fisuras de la conciencia. Ante el acoso de las pulsiones, el individuo siente la necesidad de castigo, impuesto por el *superyó*. Las pulsiones de muerte se vuelven contra ellos y los destruye.

Luis Eyzaguirre (27) plantea una sistematización de los cuentos de Cortázar agrupándolos en categorías fundamentales de acuerdo con el tipo de relación entre los planos de la realidad y de la irrealidad. Los cuentos que acabamos de reseñar estarían incluidos dentro de una primera categoría donde los "textos fantásticos presentan la invasión de un plano sobre el otro: el plano de la irrealidad invade el de la realidad cotidiana y rompe con la cadena de hechos rutinarios". Esta invasión se observa en "Casa tomada",

"Carta a una señorita en París" y "Que no se culpe a nadie". Para Cifuentes, en "Casa tomada" se produce "el estupor del lector ante la ausencia de estupor de los protagonistas" (28). Sin embargo, esta falta de "estupor" está presente en todos estos relatos. Tanto la pareja de hermanos, como el narrador que produce conejitos y el individuo que lucha contra su suéter, todos aceptan los acontecimientos fantásticos como parte de una realidad de la que no se puede huir, como hechos normales en la cotidianidad. Todos se someten y acatan el nuevo orden. En "Casa tomada" los protagonistas abandonan su espacio y huyen, en los otros dos cuentos, la huida es hacia la muerte. En todos estos relatos las pulsiones del inconsciente se dejan sentir y hacen su labor en contra de los personajes de estas historias. *Lo real* causa angustia y finalmente la angustia es la que termina dirigiendo los destinos de los hombres.

De acuerdo con el pensamiento de Freud, los personajes de estas historias no se percatan de las fuerzas que actúan a sus espaldas. Los hombres no son libres, sólo viven la ilusión de serlo: "El hombre, tan orgulloso de su libertad de pensamiento y de elección es, de hecho, una marioneta movida por hilos que se alzan por detrás y por encima de él, y que a su vez están manejados por fuerzas desconocidas a su conciencia" (29). Parafraseando a Nietzsche, podemos concluir: "Mi memoria dice que he hecho esto. Mi orgullo dice que no lo he hecho; mi memoria cede" (30). Sin embargo, el inconsciente siempre tendrá la última palabra.

4. EL DESENCUENTRO DEL *YO*
"Lejana", "Axolotl"

> En cierto sentido, el mundo interior me pertenece más que el mundo exterior. Es tan cálido, tan familiar, tan íntimo..., -quisiera uno vivir íntegramente en él, - es una verdadera patria. ¡Lástima que sea tan impreciso, tan parecido al sueño! ¿Por qué será que lo más verídico, lo mejor, tiene un aspecto tan irreal,- y que lo irreal parece tan verdadero?
>
> Novalis (1)

El mundo fantástico de Julio Cortázar nos enfrenta a situaciones límite donde el individuo puede perder su individualidad y su identidad. El desencuentro del *yo*, que nos presenta el autor en "Lejana" y "Axolotl", puede ser analizado buscando una explicación en el mundo que nos ha tocado vivir.

El hombre dentro de la sociedad actual ha sido privado de su seguridad y de su sentimiento de pertenencia y debe enfrentarse a la soledad y al aislamiento. En su existencia cotidiana o "banal", el hombre tiene serias dificultades para ser auténtico ya que vive en muchos casos despersonalizado, sin individualidad ni responsabilidad propia. La religión, que exige humildad, ha logrado convencer al ser humano de su insignificancia, enseñándolo a desconfiar de sí mismo.

El hombre es un ser indefenso ante la Naturaleza. Su sentimiento de debilidad lo empuja a dejar en manos de un Dios paternal su protección y su felicidad. Esta situación, donde el individuo se asume como niño ante un padre protector, de acuerdo con Freud, le ayuda a enfrentar los peligros y los designios de un destino inescrutable. Asimismo, mucho de lo que no le es posible explicarse, encuentra en esta figura paterna su explicación. Una inteligencia superior dirige su vida y le promete, si cumple con lo que se espera de él, otra vida mejor. Para llegar a ella es necesario renunciar a los instintos, ya que la religión se ha dedicado a sancionar la satisfacción de los deseos eróticos. Toda la educación va dirigida a la represión de la naturaleza humana cuyas principales características son: el ansia de poder y el deseo sexual.

La religión bloquea la posibilidad de elección al imponer reglas que empujan al individuo a renunciar al placer. La idea del pecado, que trae consigo el sentimiento de culpa, resulta una manera efectiva de lograr la sumisión del creyente. La vida, el mundo real, se vuelve únicamente un medio para lograr, a través de la represión de los instintos, la verdadera felicidad en un dudoso más allá. De esta manera, el hombre debe someterse a una voluntad ajena, sobrenatural, dándole la espalda a sus verdaderas necesidades. En la renuncia, para la religión, está el goce. Sin embargo, las pulsiones que buscan su apremiante satisfacción, llevan al individuo a "caer en la tentación" y enfrentarse a la culpa o a renunciar a la realización del deseo a costa de la felicidad y el equilibrio psíquico.

Para Freud la religión perturba el libre juego de elección al imponer a todos los hombres el mismo camino. Su técnica consiste en reducir el valor de la vida intimidando la inteligencia humana, imponiendo un infantilismo psíquico y haciendo partícipe al hombre de un delirio colectivo. Al creyente sólo le queda la sumisión incondicional como fuente de goce. El individuo es convencido de su insignificancia ya que, dados los preceptos religiosos, vive siempre en deuda, tratando de alcanzar unas metas que lo rebasan.

La fe de Lutero consistía en la convicción de que sólo mediante la sumisión absoluta el hombre podía llegar a ser amado por Dios. De esta manera, la sumisión a la autoridad es un bien, es una condición indispensable para agradar a Dios. Educados en estos preceptos, los hombres se preparan para aceptar sin crítica las normas y reglas que los poderosos desean imponerles, para someterse al Estado o al líder. La rebelión es inadmisible dentro de esta visión autoritaria y debe ser castigada. Cortázar nos presenta, en mucho de sus cuentos, esta necesidad de sumisión, esta falta de independencia de sus protagonistas.

El hombre, de acuerdo con Fromm, convertido en un instrumento pasivo en las manos de Dios, convencido de su insignificancia e inutilidad, perdió su dignidad y confianza y aceptó que su vida fuera un medio para fines exteriores a él. Su formación religiosa lo preparó para aceptar cualquier forma de dominación y opresión.

"No nos pertenecemos; por lo tanto, ni nuestra razón, ni nuestra voluntad deberían predominar en nuestras deliberaciones y acciones... Pertenecemos a Dios y por lo tanto vivamos y muramos por él. Porque del mismo modo que la más destructora de las pestilencias causa la ruina de las personas cuando éstas se obedecen a sí mismas, el único puerto de salvación no es el saberlo todo o quererlo todo uno mismo, sino el ser guiado por Dios, que camina delante de nosotros" (2), dice Calvino. La sumisión y la falta de crítica son aceptadas como virtudes y éste es el único camino que nos llevará a Dios.

En el calvinismo, el éxito del individuo en lo terrenal es un signo de salvación, el fracaso es un signo de condenación. La angustia, un sentimiento de impotencia e insignificancia, aunada a la duda sobre el destino del hombre después de la muerte, se volvieron intolerables. Así, los hombres desarrollaron una actividad frenética para poder escapar a estos sentimientos que los avasallaban. El resultado que la ideología calvinista produjo en la sociedad moderna fue que los hombres se sintieran impulsados a trabajar, no tanto por la presión exterior, como antes sucedía, sino por un sentimiento interno, compulsivo, que los obligaba a entregarse al trabajo como lo harían ante un amo severo. Así, el hombre se convirtió en un esclavo de sí mismo.

Ya que los hombres habían sido creados con diferentes derechos, la explotación del hombre por el hombre tenía un sustento divino. Este tipo de creencias, que marcaron la vida de los individuos y propiciaron cambios sociales, políticos y económicos, produjeron una gran hostilidad dentro de las clases desposeídas de la gracia de Dios.

Para Nietzsche, los medios de que disponen los líderes espirituales en su lucha contra el malestar que provoca la vida en sociedad, son medios "culpables" que tratan de provocar un desbordamiento del sentimiento y que funcionan como un estupefaciente contra el dolor sordo y paralizador. Esto lleva a la sofocación de los sentimientos vitales, a la actividad mecánica (3). Para este autor, hacer mejor al hombre significa degradarlo, domesticarlo, debilitarlo, desalentarlo, reblandecerlo, afeminarlo. Hacer mejor es un sinónimo de degradación. El sacerdote ha corrompido la salud del alma dondequiera que ha ejercido su dominio.

La necesidad de pertenecer a algo, de romper su aislamiento, ha empujado al hombre a asimilarse a una sociedad enajenada, perdiendo parte de su conciencia individual y de su propia identificación. El individuo quiere integrarse a un mundo donde en realidad no tiene cabida. Sus decisiones no son tomadas en cuenta por la sociedad que le exige asumir los valores que los medios de comunicación y las instituciones pregonan. Así, la "singularidad o la 'unicidad' queda absorbida dentro de las grandes determinaciones de la vida colectiva, de los sistemas y estructuras de lo social. Se produce un profundo debilitamiento de la condición cualitativa, individual, personal del ser humano. La singularidad o la 'unicidad' queda absorbida dentro de las grandes determinaciones de la vida colectiva. Se borra la significación de la persona o del 'sí mismo'" (4).

El individuo, ausente de sí mismo, busca desesperadamente su lugar, sin poderlo encontrar. Los valores en los que él cree no son propios, son impuestos por la cultura que exige sumisión y que termina homogeneizando a todos en un solo patrón. La crítica no es bienvenida y los hombres luchan contra la angustia que este tipo de existencia genera. La necesidad de pertenecer los lleva a aceptar, sin oponer resistencia, un tipo de vida que los aparta de la felicidad. El vacío y la falta de contacto humano real, trascendental, lo llevan a una búsqueda desesperada. La religión tampoco les ofrece una respuesta.

La organización represiva de los instintos parece ser colectiva y el ser humano termina perteneciendo más a agentes extrafamiliares que a su propia familia. Desde la infancia, los medios de comunicación y la presión social establecen un modelo de conformismo que se asume sin encontrar ninguna oposición por parte del individuo. La radio y la televisión se encargan de entrenar, de manera eficiente y tenaz, y de proponer los sueños, la personalidad, los valores y romances de la sociedad. En esta lucha por la individualización del hombre, la familia pierde la batalla. Su papel tradicional, que se encargaba de educar a los hijos, de transmitir reglas y valores, ha ido desapareciendo.

En sociedades anteriores a la nuestra, el *superyó* de los individuos criados en el seno familiar, se formaba de manera individual-familiar e independiente del grupo. Este *superyó* o ideal del yo, representa la autocrítica y la conciencia moral del individuo. El *superyó* es la prohibición, la conciencia culpable, la identificación del sujeto con sus progenitores, el representante de los valores culturales y familiares internalizados. Actualmente, en muchos casos, la formación del *superyó*, está dada, no por la interacción con la familia, ya que esta institución en muchos casos se encuentra muy debilitada, sino por los medios de comunicación dominados por los monopolios y por los valores sociales adquiridos a través de los amigos. Así, la formación del *superyó*, omite el estado de individualización, según Marcuse. El individuo pierde su individualidad y termina así, perteneciendo a una masa amorfa, diseñada desde el poder, que acepta someterse a lo que la cultura le imponga.

Alina Reyes, en "Lejana", no se identifica ni con su ambiente social, ni con su marido, ni consigo misma. Su esperanza es encontrarse a sí misma, lograr su identificación con la pordiosera de Budapest. El mundo que la rodea no le da una estructura que la haga sentir segura.

Gracias a la manipulación de la personalidad, que llevan a cabo de manera permanente las instancias del poder, los individuos considerados "normales" son aquellos que no están nunca "demasiado tristes, demasiado airados o demasiado excitados" (5). En éstos no hay cabida para el pensamiento original, su mente se llena con pensamientos hechos, prefabricados, en muchas ocasiones completamente falsos. Como parte de una masa, estos individuos buscan una identificación que no logran encontrar. La falta de conciencia propia los vuelve ajenos, su realidad se estrecha, sus posibilidades se vuelven limitadas. El individuo se convierte, así, en un ser enajenado, alienado, que no puede ser él mismo: "tan incierta como la frontera entre lo real y lo fantástico es la que debiera distinguir lo humano de sus alienaciones... Esta alienación –imposible posesión de sí mismo por sí mismo- pone en cuestión la unidad interna de la persona humana. Pero hay otra alienación en la cual entran en juego las relaciones con el otro y con el mundo. Se trata de la posesión de uno mismo por el otro" (6), como ocurre con los personajes principales de "Lejana" y "Axolotl". En estas historias, la frontera entre lo humano y sus alienaciones se pierde completamente.

Los personajes de "Lejana" y "Axolotl", caminan por un mundo que sienten ajeno, sin encontrar una verdadera identificación con los seres que los rodean. Alina en "Lejana" y "Axolot" viven lo que Lacan denomina "la falta", "la hiancia" (aquel vacío que nunca seremos capaces de llenar), el objeto eternamente faltante. Ambos han perdido una identificación con su ambiente y con ellos mismos.

Para Alina, el personaje principal de "Lejana", la identificación la encuentra en una mujer que sufre, en algún lugar de Europa. El personaje de "Axolotl" logra su identificación con un animal que lo observa desde una pecera. Así de ajeno resulta el mundo para él.

Alina Reyes nos narra en su diario el encuentro con su otro *yo* que tiene frío, le pegan y sufre. En esta historia, la realidad "cotidiana se fragmenta y entre los diversos fragmentos irrumpe lo extraño" (7), la otredad. Este universo paralelo va adquiriendo más relevancia y más espacio en la historia, dando como resultado que lo imaginario invade el terreno de lo real, de manera que la personalidad de Alina y de Lejana llegan a superponerse, para después desprenderse, nuevamente.

Mientras Alina narra su vida acomodada, sus reuniones sociales, su ida al Odeón a escuchar a Bach y a Chopin, se imagina pobre y desamparada en

Budapest. Un día, en medio de un concierto descubre el puente que la llevará al encuentro con Lejana, su otro *yo*. Ya casada viaja de luna de miel a Budapest y en ese puente se encuentra con la otra. En un abrazo se unen ambas y al desprenderse, la otra, la que sufre y le pegan se aleja siendo ya Alina Reyes, "de traje gris, lindísima", abandonando en el puente a la protagonista, agobiada por la fatiga, con el cuerpo adolorido por los golpes y el frío. El abrazo final de la mujer con su doble podemos visualizarlo en la formación del anagrama "Alina Reyes", "es la reina y...", donde la transposición de las letras produce una frase con un significado diferente. De la misma manera, Alina adquiere otro significado: se transforma en una pordiosera.

Luis Eyzaguirre propone, como ya anotamos anteriormente, una clasificación de los cuentos fantásticos de Cortázar e inscribe a "Lejana", junto con "Las armas secretas", en una categoría donde aparece una "interpenetración de los planos de lo real y lo irreal y un traspaso de las identidades individuales. (Estos) relatos... ilustran la fusión de lo real y lo extraño con una realidad otra. En el espacio imaginario del texto se posibilita esta fusión y el correspondiente traspaso de identidad con una bien definida creación de la figura del doble" (8).

Para Freud, "lo siniestro", "das Unheimliche" (adjetivo de múltiples acepciones: truculento, espantoso, cruel, inhumano o sobrehumano, asombroso, terrorífico, insólito, lúgubre, misterioso, fantástico, etc.) (9), abarca aquello que debía haber quedado oculto, secreto, pero que se ha manifestado. Freud hace una revisión de aquellos temas "de inquietante extrañeza", entre los que destaca la figura del doble. El autor hace referencia a Rank quien estudia las relaciones entre el doble y la imagen en el espejo, o la sombra.

El doble, para este autor, fue primitivamente una aseguración contra la destrucción del *yo*, contra la omnipotencia de la muerte. Tal vez, el alma inmortal puede haber sido el primer doble de nuestro cuerpo. La creación de semejante desdoblamiento destinado a conjurar la aniquilación, tiene su fenómeno correspondiente en un modo de expresarse del lenguaje onírico, donde la castración suele ser representada por una duplicación. El doble presenta variaciones: puede referirse a personas idénticas, que transmiten entre ellas sus procesos psíquicos (telepatía), de modo que "uno participa de lo que el otro sabe, piensa y experimenta (como Alina y la mujer que sufre); puede referirse también a la identificación de una persona con otra, de suerte que pierde el dominio sobre su propio *yo* y coloca el *yo* ajeno en lugar del propio". En otras palabras: "desdoblamiento del *yo*, partición del *yo*, sustitución del *yo*..." (10).

Para Freud, el *yo* está dado por la organización coherente de todos los procesos psíquicos de un individuo. Éste se halla bajo la influencia de la percepción, es el aparato que controla la conducta humana y su principal tarea consiste en la conservación de sí mismo. Debe mantener un equilibrio entre las exigencias instintivas del *ello* y las moralistas del *superyó*, apegándose a la realidad y guiando el comportamiento de un modo razonable. La protagonista de esta historia pierde este equilibrio cuando decide ir al encuentro de su otro *yo*.

Alina y la otra, la lejana, son dos imágenes complementarias de un solo ser. En el "estadio del espejo" propuesto por Lacan, donde el niño se ve a sí mismo en un espejo, o en la mirada de la madre, y se reconoce en su imagen especular, "el sujeto, presa de la ilusión de la identificación espacial, maquina las fantasías que se sucederán desde una imagen fragmentada del cuerpo hasta una forma que llamaremos ortopédica de su totalidad..." (11). Es en este estadio donde se constituye el *yo*, que Alina y Axolotl no han logrado constituir.

Alina y la lejana están en estrecha comunicación como un solo ser separado: "Le pasaba a aquella, a mí tan lejos". "Porque a mí, a la lejana no la quieren", "Me conozco allá" (12). El conocimiento de sí misma es a través de la mujer lejana, la otra, la que no está dentro de ella, la que vive fuera y que nunca podrá formar una entidad única con Alina. La búsqueda desesperada de una identificación, por parte de la protagonista, la encuentra en la soledad y el dolor de esta mujer abandonada. Y es por este convencimiento de haber encontrado su otro *yo*, que Alina decide ir al encuentro: "Y será la victoria de la reina sobre esa adherencia maligna, esa usurpación indebida y sorda. Se doblegará si realmente soy yo, se sumará a mi zona iluminada, más bella y cierta; con sólo ir a su lado y apoyarle una mano en el hombro" (13). Sin embargo, en el abrazo se establecerá una lucha donde el débil, esa adherencia maligna, vence, y Alina, la mujer acomodada, la que antes ocupaba un lugar privilegiado en la sociedad, es convertida en una pordiosera y es abandonada en el frío.

Alina se equivoca cuando espera rescatar a su doble de la vida de penurias donde se encuentra, y ése es su error. "Lo otro", para ella, debe ser integrado a su propio *yo*, para sentirse más auténtica, más completa (14). Sin embargo, en el deseo de integrar ambos *yo* (Alina y Lejana) en uno solo, Alina fracasa. La lejana no acepta sumisa el abrazo que la estrecha y se aparta llevando consigo la vida de Alina.

Para Hernán Lara Zavala, el puente en que se va a dar el encuentro entre Alina Reyes y Lejana, el encuentro de dos realidades separadas, el encuentro de la realidad con lo fantástico, es una imagen reiterativa de Cortázar. Es ahí donde se establece "el medio de comunicación entre un ámbito y otro, entre una y otra personalidad, entre su realidad y la posibilidad de otra realidad para trocar sus identidades" (15). Además, a partir de aquí el (la) narrador(a), que durante el relato habla en primera persona, se vuelve omnisciente y nos describe el final de la historia en tercera persona. El puente no sólo se vuelve el lugar del desencuentro de dos *yo*, también se convierte en el punto donde el (la) narrador(a) abandona el mundo interno de la protagonista para situarse fuera, convirtiendo al puente en "una enorme balanza de equilibrio y tránsito entre ambas esferas" (16).

En "Lejana", Cortázar juega con el lenguaje formando palíndromos y anagramas. Podemos definir un palíndromo como una palabra o frase que se lee igual de derecha a izquierda que de izquierda a derecha. Es una palabra imagen en el espejo de otra, que al leerse al revés produce un significado diferente de aquel que le dio origen. Es un doble que difiere. El anagrama, a su vez, está formado por la transposición de las letras de una palabra o sentencia, de que resulta otra palabra o sentencia distinta.

Así, la protagonista inventa diferentes palíndromos y anagramas, entre los que destaca: "Alina Reyes, es la reina y...", "tan hermoso este porque abre un camino, porque no concluye. Porque la reina y..." (17). Y ese "y" es una puerta al futuro, a un futuro desconocido que terminará en el cuerpo de una pordiosera.

Alina escucha a Chopin y se mira saliendo a la plaza y al puente de Budapest a través de la platea de una sala de conciertos en Argentina. Estas dos realidades se mezclan como un anagrama: "Pero esto yo lo pensaba, ojo, lo mismo que anagramar *es la reina y*... en vez de Alina Reyes..." (18).

Podemos, por tanto, leer "Lejana" como un anagrama donde la vida de la protagonista se mantiene disociada en dos realidades diferentes que llegan a tocarse en un abrazo, en un puente, para separarse inmediatamente. La permanencia juntas es imposible, ya que ambas responden a llamados diferentes. Una llama desde el infortunio, la otra responde desde el Odeón. Son una y son distintas a la vez. Se puede apreciar el mundo a través de una mirada o a través de la mirada contraria. Son la reina y la pordiosera, rica y pobre, consentida y golpeada, y estos espacios antagónicos donde viven deben mantenerse ajenos. El desencuentro del *yo* entre ambas mujeres está dado desde el planteamiento de esta historia. Como parte de un anagrama Alina tiene que cruzar el puente. Ella, como un juego de letras y palabras que se pueden mezclar y leer en un orden alterado, se personifica en otra mujer que vive en el opuesto. Para Alina Reyes, la reina, la vida es una fiesta; para la otra, la "que no es reina y anda por ahí", la vida es sólo frío y penurias.

El puente es el lugar del encuentro, donde un significado encuentra su significado opuesto, donde el anagrama, finalmente, cobra sentido. Es ahí, en ese mundo posible/imposible, en la alteración de un orden natural, donde logramos encontrar el significado. "Lejana" se da en la lectura, como un anagrama o un palíndromo: "Era peor, un deseo de conocer al ir releyendo; de encontrar claves en cada palabra tirada al papel después de esas noches. Como cuando pensé la plaza, el río roto y los ruidos, y después... Pero no lo escribo, no lo escribiré ya nunca" (19). Así, Alina calla en el momento en que asume una realidad adversa. Como parte de los desprotegidos no tiene ya voz; su voz se escuchaba cuando cargaba pulseras, bebía champaña e iba al teatro.

Su vida sin significado, integrada a una sociedad enajenada, frívola, donde ella forma parte de una masa que se divierte, de los poderosos que finalmente tampoco encuentran su lugar, su existencia se escapa por un puente en busca de un sentido.

Alina logra estar en pensamiento en Budapest y en su casa rodeada de comodidades al mismo tiempo; Alina es una imagen en el espejo, que refleja un rostro ajeno. Alina y Lejana son independientes y a la vez una sola; son el doble, pero con características complementarias, dos mitades que no pueden fundirse en un todo.

Como el cuento está escrito a la manera de un diario en primera persona, el lector puede instalarse dentro del pensamiento del personaje principal. Este diario, -diario de liberación, rito de exorcismo para escapar de la pesadilla (20)- consta de once episodios, fechados con día y mes, del 12 de enero al 7 de febrero. La narración termina con un epílogo escrito en tercera persona por un informador que relata la llegada de Alina Reyes y su esposo a Budapest el seis de abril, dos meses antes de su divorcio.

Alina está concebida como un ser esclavizado, "inmersa en un orden de mera fatalidad donde no parece haber sitio posible para la ética y la libertad" (21). Alina es un ser que ha perdido su propia significación.

Para Freud, en el desarrollo ulterior del *yo* aparece una instancia que sirve a la observación y a la crítica de sí mismo, que cumple la función de censura psíquica y que se conoce como "conciencia moral". El hecho de que dicha instancia exista y pueda tratar al *yo* como un objeto, que el hombre sea capaz de observarse a sí mismo, le da a la representación del doble un nuevo contenido. De esta manera, todas las aspiraciones del *yo* que no pudieron cumplirse a causa de circunstancias exteriores y que la imaginación no se resigna a abandonar, puede incorporarse al doble. Alina sueña ser la otra, su doble, abandonada en Budapest. Su *yo*, de manera masoquista, aspira a dejar una vida frívola y convertirse en la que sufre y llora. Su conciencia moral la empuja a buscar en el sufrimiento, en el autocastigo, un significado.

Para Freud, lo que en la vida real podría ser siniestro, en la ficción no llega a serlo, ya que el escritor dispone de muchos medios para provocar estos efectos.

En el caso de los cuentos de hadas, los efectos utilizados y relacionados con la realización de deseos, con fuerzas ocultas, con la omnipotencia de las ideas, con la animación de lo inanimado, no provocan una impresión siniestra, pues para que nazca este sentimiento es preciso que el juicio se encuentre en duda respecto a si lo increíble no podría ser creíble en la realidad.

"El poeta puede exaltar y multiplicar lo siniestro mucho más allá de lo que es posible en la vida real, haciendo suceder lo que jamás o raramente acaecería en la realidad...; nos engaña... Reaccionamos ante sus ficciones como lo habríamos hecho frente a nuestras propias vivencias... La ficción crea nuevas posibilidades de lo siniestro, que no existen en la vida real" (22). Sin embargo, la sensación de lo siniestro está dada en la lectura del texto por el descubrimiento, por parte del lector, de que esa sociedad enajenante, donde encontramos a Alina, es la nuestra, la que nos ha tocado vivir. La angustia surge en el enfrentamiento del lector con su propia soledad, con su alienación y con su imposibilidad de encontrar un significado. Cortázar logra este efecto, que se acerca a lo siniestro, con "Lejana" y con muchos otros de sus cuentos.

En "Axolotl", el autor juega con una idea similar al cuento anterior. Un hombre disfruta de observar a los ajolotes en un acuario: "Hubo un tiempo en que yo pensaba mucho en los axolotl... Ahora soy un axolotl" (23). A lo largo del relato, el autor describe la mirada del hombre y la mirada de los animales. Ambos se observan y a fuerza de mirarse, en un momento de la narración, el protagonista asume la personalidad del ajolote: "A veces una pata se movía apenas, yo veía los diminutos dedos posándose con suavidad en el musgo. Es que no nos gusta movernos mucho y el acuario es tan mezquino..." (24).

Poco a poco el hombre va entregándose a este mundo animal con el cual se siente identificado: "Los imaginé conscientes, esclavos de su cuerpo, infinitamente condenados a un silencio abisal, a una reflexión desesperada... Ellos seguían mirándome inmóviles" (25).

En esta historia, en que lo fantástico irrumpe desde el primer párrafo, el personaje principal es en realidad un esclavo sometido que, sin rebelarse, pierde su identidad. Convertido en animal termina mirando con ojos fijos, a través del vidrio del acuario, mientras el axolotl huye con su personalidad, convertido en hombre.

En el proceso del intercambio de personalidades aparece el elemento fantástico. Para Luis Eyzaguirre, en "Axolotl" se observa "la inversión de los planos de lo real y de lo irreal. Los términos mismos se invierten creando la incertidumbre de lo real. Esto es *a* puede ser *b*, de igual manera como *b* puede ser *a*". (26).

En este juego, el débil, el sujeto inferior biológicamente, logra someter al organismo superior. La llamada del amo, que observa desde dentro de la pecera, es obedecida. El personaje debe acudir, perderse, aceptar el designio que han trazado para él. La pecera, que semeja un útero cálido, lo llama. Es el retorno a la madre, a un mundo "infinitamente lento y remoto", la posibilidad de ser feto nuevamente.

Este individuo, ajeno a un pensamiento libre, asume como autómata el camino que le impone un anfibio y pierde definitivamente los últimos vestigios de su personalidad: "Les daremos una felicidad tranquila y mansa, una felicidad de seres débiles, tales como han sido creados", declara el Gran Inquisidor de Los hermanos Karamazov. Para el débil, el único camino es el sometimiento, "pues aunque hubiera algo en el otro mundo, no sería, desde luego, para hombres como ellos" (27).

Dentro de la libertad está la posibilidad de la no libertad; paradójicamente, el ser libre implica poder rechazar la libertad y someterse; implica poder ser de otra manera. El hombre lleva la alternativa en su ser y en la opción de escoger está el conflicto. Axolotl y Lejana se decidieron por el sometimiento y la infelicidad.

En "Lejana", el puente es el punto de unión entre dos mundos antagónicos; en "Axolotl" es el frío cristal de la pecera, desde donde ambos se observan y establecen el puente.

La mirada es un elemento importante en esta historia. A través de ésta se establece el contacto. El hombre se somete al embrujo de unos ojos, dos orificios de oro transparente: "Los ojos de los axolotl me decían de la presencia de una vida diferente, de otra manera de mirar" (28). Para el personaje, estos ojos que miraban desde un abismo insondable, a través del cristal del acuario, le producían vértigo y miedo. Sin embargo, la atracción ejercida por esa profundidad que lo miraba lo hacía acercarse y mirar.

"Usted se los come con los ojos" (29), le decía riendo el guardián. Pero no, son los ojos transparentes los que devoraban lentamente al personaje "en un canibalismo de oro" (30). Finalmente, en el acto de mirar el personaje es absorbido, el caníbal se apodera de la víctima que se entrega pasivamente. En el momento del intercambio de personalidades, que representa la muerte emocional para el hombre, el puente entre ellos se rompe inmediatamente, como un cordón umbilical, para dar nacimiento a un hombre nuevo y un nuevo axolotl: "él se sentía más que nunca unido al misterio que lo obsesionaba. Pero los puentes están cortados entre él y yo, porque lo que era su obsesión es ahora un axolotl, ajeno a su vida de hombre" (31).

Este mismo límite de cristal y la importancia de la mirada, se presenta en "La isla a mediodía". En esta historia, un empleado de una línea de aviación sueña con irse a vivir a la isla de Xiros y asimilarse a la vida sencilla de los pescadores. Desde la ventanilla de su avión ve un mundo, su futuro paraíso, que lo llama: "llenando las horas antes y después del vuelo, y en el vuelo todo también borroso y fácil y estúpido hasta la hora de ir a inclinarse sobre la ventanilla de la cola, sentir el frío cristal como un límite de acuario donde lentamente se movía la tortuga dorada en el espeso azul" (32). El responder al llamado trae consigo la muerte para el personaje Marini y una especie de muerte para el personaje de "Axolotl", que pensaba mucho en los renacuajos.

En "Axolotl", "para que la comunicación sea auténtica y total, en un pie de igualdad, la metamorfosis del protagonista es una necesidad absoluta, ya que el cristal transparente que los separa, si bien da la ilusión de una posible comunicación, excluye todo contacto táctil o lingüístico que pudiera permitirla" (33). Para el hombre, pasar al mundo acuático es penetrar al mundo lento y enigmático de estas criaturas, que poseen la facultad de reproducirse antes de llegar a la forma adulta.

La falta de integridad psicológica del narrador, su inmadurez, lo llevan a identificarse con un axolotl y termina por entregarse a un mundo elemental. Como un niño sumiso se dispone a obedecer al llamado. Éste es tan potente que incluso desde lejos es percibido: "era como si me influyeran a distancia" (34). El mensaje desgarrador: "sálvanos, sálvanos" es escuchado y con el sentimiento de un dolor sordo por estos animales atrapados en un mundo de silencio, decide sacrificarse y regalarles su libertad. Como un Mesías da su vida para redimir a los axolotl; entrega inútil.

El desencuentro del yo

Para Monsiváis, "el sacrificio, el gran tema cortazariano, se vuelve la propiciación, la remisión de culpas, en este caso, la culpa de vivir un solo nivel del tiempo o de habitar la realidad de un modo unívoco, sin percatarse de que está vulnerada por dimensiones infinitas y simultáneas" (35).

Hegel plantea: "es en el pensamiento en donde soy libre. Es gracias a la libre conciencia de sí que el pensamiento se abre un camino a través del proceso por el cual 'la conciencia' deviene para ella misma" (36). Sin embargo, cada paso hacia un grado mayor de individualización representa para los hombres una amenaza que les provoca un sentimiento de inseguridad, de soledad. La única solución posible para enfrentar la soledad del hombre individualizado sería su solidaridad con el resto de los hombres. Sin embargo, de acuerdo con Fromm, si se priva a los individuos de los vínculos que les otorgaban seguridad, la libertad resulta para éstos una carga insoportable. Los hombres en esta situación buscan refugio en la sumisión o en alguna especie de relación que prometa aliviar la incertidumbre, aun a costa de su libertad.

En estas narraciones, la libertad no existe, el pensamiento se encuentra cautivo y el proceso en el cual la conciencia deviene ella misma está completamente obstruido.

Para Sartre, la relación que se produce entre dos seres es de dominio y posesión, siempre enajenante. Es una relación donde uno toma como objeto al otro, nunca como sujeto. "Su ser libre me objetiva y me domina, sin aprehender jamás mi subjetividad ni mi libertad. La relación entre los hombres es de poderío y sólo de eso" (37). Aunque el axolotl es un animal, su transformación en hombre le confiere este poder. "Sin transición, sin sorpresa, vi mi cara contra el vidrio, en vez del axolotl vi mi cara contra el vidrio, la vi fuera del acuario, la vi del otro lado del vidrio. Entonces mi cara se apartó y yo comprendí... Yo era un axolotl y sabía ahora instantáneamente que ninguna comprensión era posible" (38).

Para Kauffmann, "lejos de dejarse modificar por el animal, el sujeto humano ocupa su lugar y actúa como portavoz autoelegido del ajolote mudo. La usurpación de los ajolotes es completa cuando el narrador declara, paradójicamente, que "Ahora soy definitivamente un axolotl, y si pienso como un hombre es sólo porque todo axolotl piensa como un hombre dentro de su imagen de piedra rosa" (39). La visión antropocéntrica del hombre se debilita al final del relato cuando Cortázar abre la posibilidad de que el narrador sea el propio ajolote.

En "Lejana" y "Axolotl", los protagonistas se obsesionan con una idea y buscan desesperadamente eliminar su angustia existencial perdiéndose en "el otro", que los llama y los espera. Este "otro" es un doble ajeno, que habita un mundo extraño, un doble que es el amo, y domina. El sometimiento trae como consecuencia la pérdida de la conciencia propia, para asumir la vida del "otro". La mirada pasa de Alina a Lejana y del protagonista humano al axolotl. En "Lejana", el narrador cambia cuando se produce el encuentro; en Axolotl, el narrador permanece en la conciencia humana, pero desde el cuerpo del renacuajo. El momento del enfrentamiento provoca el desencuentro del *yo*, donde el *yo* se pierde en un ser ajeno: "En el mundo creado por Cortázar no hay garantías para la preservación del *yo*, así como tampoco las hay para el goce pacífico de la rutina. La pérdida de identidad por desdoblamiento se da muchas veces, produciéndose intercambios, como en 'Lejana', 'Axolotl'..." (40).

Para Juliana González el *yo* puede ser multifacético: "El *yo* en su sentido más amplio y general, no es un principio unitario e inalterable, idéntico a sí mismo, sino todo lo contrario: contiene una división interna, un desgarramiento o escisión profunda; se desdobla en oposiciones y tensiones radicales que determinan el carácter dinámico y no estático de la existencia. Y dicha dualidad no es algo anómalo o de excepción, sino que expresa la universal y normal constitución psíquica del hombre en su más propio y recóndito interior" (41). En estas historias, el carácter dinámico del *yo* se presenta, no en una división interna de éste, sino en la presencia externa de un "otro", ajeno y diverso. La reunión de ambas posibilidades del *yo* (interna-externa), en una sola, es imposible.

El escritor puede representar el conflicto de un *yo* dividido a través del doble, como lo hace Julio Cortázar, que: "(representa esta) división de la mente humana en un estado de conflicto consigo mismo" (42). El doble es el conflicto, es el invasor a vencer y, como en la mayoría de los cuentos de este autor, la batalla está perdida de antemano.

En "Lejana", las imágenes que se crean en el interior de la protagonista cobran vida y se vuelcan contra ella. El *yo* es amenazado, controlado y finalmente derrotado por los fantasmas que pueblan la imaginación de Alina. En Axolotl, se rompen las barreras de lo interno y de lo externo, y el *yo* "en su triple función de hombre-axolotl-narrador, es personaje, espectador e intérprete al mismo tiempo, desde los dos lados del vidrio. El *yo* narrador puede ir de dentro a fuera o de fuera a dentro del acuario; pero entre el hombre y el axolotl no hay comunicación posible, sólo contemplación silenciosa y estática." (43). El doble, el axolotl, ajeno al protagonista, termina apoderándose y controlando el cuerpo del hombre. En este punto, la historia nos relata el momento en que este híbrido se aleja de la pecera y no volvemos a tener contacto con él. El narrador, atrapado dentro del acuario, nos retiene en su ambiente acuoso.

Para Freud, pueden incorporarse al doble "todas las eventualidades de nuestro destino, que no han hallado realización y que la imaginación no se resigna a abandonar, todas las aspiraciones del *yo* que no pudieron cumplirse a causa de circunstancias exteriores; además todas las decisiones reprimidas de la voluntad..." (44). Sin embargo, Cortázar se aparta de este esquema, y juega con la idea de un doble con características opuestas con respecto a su contraparte; un doble que representa el dolor, en un caso, o una vida inferior, en el otro. El espejo refleja una realidad cruel, difícil, ajena, que es buscada con insistencia. El hombre pierde su identidad, es él y a su vez es otro, y su conflicto está dado por esta dualidad. Así, en el encuentro, en el momento de la identificación, el *yo*, paradójicamente, se desencuentra a sí mismo.

Para Néstor García Canclini, en "Lejana" y "Axolotl", "la toma de conciencia del doble es un despertar a un *yo* próximo y al mismo tiempo infinitamente lejano. Esa tentativa de reunirse consigo mismo y ser uno mismo, en ambos casos, desemboca en la misma trampa... El fracaso es tanto más trágico cuanto que la soledad resulta agravada por el conocimiento: cada uno de los personajes sabe ahora que el divorcio es eterno con respecto a ese *yo* inaccesible del cual él no es sino el fantasma" (45).

Para Francis Fontmarty, en "Axolotl" el acuario "encierra una posible alusión al mundo moderno como pecera infernal y promiscua ("surgen dificultades, peleas, fatigas", dice el narrador), evoca más bien una casa matriz, un útero materno, por ser "un edificio húmedo y oscuro", "angosto y mezquino"), en el cual la inmovilidad es una necesidad y un arma que vence tiempo y espacio ofreciéndonos la imagen de la eternidad" (46). Este mundo moderno, deshumanizado y ajeno, atrapa al individuo, logrando que pierda su propia identidad para convertirlo en parte de una masa. El hombre, así, responderá al llamado de un sistema social que lo manipula, lo domestica y lo vuelve sumiso. Hasta un renacuajo, de acuerdo con Cortázar, puede capturar y dominar a estos hombres enajenados y dóciles.

Esta duplicidad de dos seres distintos e iguales, uno acuático y otro terrestre, termina expresándose en el último párrafo de la historia, donde el deseo del axolotl parece volverse realidad: "... y si pienso como un hombre es sólo porque todo axolotl piensa como un hombre dentro de su imagen de piedra rosa. Me parece que de todo esto alcancé a comunicarle algo en los primeros días, cuando yo era todavía él. Y en esta soledad final, a la que él ya no vuelve, me consuela pensar que acaso va a escribir sobre nosotros, creyendo imaginar un cuento va a escribir todo esto sobre los axolotl" (47).

En el momento del encuentro, el axolotl se conoce como hombre y el hombre se reconoce como axolotl. Sin embargo, esta comunión se pierde inmediatamente y se da el desencuentro de ambos. Ahora, para el nuevo axolotl es importante que su historia se conozca, que se escriba sobre él y su mundo acuático. El hombre, dominado por el deseo del ahora axolotl, escribe lo que él como autor cree que es un cuento, producto de su imaginación; sin embargo, se equivoca, el escritor está narrando una realidad, la realidad de los axolotl. El narrador habla por el ajolote, traduce "la otredad, representada en lenguaje transparente para los lectores" (48). Cortázar, así, entra a formar parte de este mundo enajenado y acuoso de los renacuajos. Y de acuerdo con la última frase, Julio Cortázar un día fue un axolotl que salió de la pecera y escribe sus experiencias. El nuevo axolotl ejerce ahora su dominio sobre ese hombre que salió del acuario, él da la orden, él decide que Cortázar debe escribir la historia de estos animales de ojos de oro transparentes.

De acuerdo con Fromm, el hombre, como ya revisamos al principio del capítulo, ha sido convertido por los medios de poder en un instrumento pasivo y vive convencido de su insignificancia. Al aceptar que su vida es un medio para fines ajenos a él, se somete fácilmente a la opresión. Este hombre indefenso, educado en la sumisión, escucha el llamado y acude sin cuestionarlo. Así, se pierde a sí mismo en el enfrentamiento con "lo otro". Y ese "otro", erigido como Dios, manda y ordena sobre este sujeto alienado.

La historia nos ha dado muestras de que es posible que el hombre, orgulloso de su cultura y sus adelantos tecnológicos, pueda llegar a ser dominado por un renacuajo. Así de paradójico resulta el mundo que, con mucho trabajo, hemos construido.

5. EL DESEO Y LA LOCURA

"Cuello de gatito negro",
"Manuscrito hallado en un bolsillo",
"Queremos tanto a Glenda"

> Quien ha tenido confianza en las obras de su propia imaginación, quien ha aceptado ver en ella una auténtica expresión de sí mismo y un conocimiento válido, se atemoriza en ciertos momentos de su exploración. No es fácil encontrar la salida del laberinto interior; las formas, las imágenes, los horizontes y los habitantes creados por el inconsciente liberado de sus cadenas no siempre tienen un aspecto sonriente.
>
> Albert Béguin (1)

Julio Cortázar a lo largo de su narrativa nos enfrenta a personajes que, dentro de la sociedad que les ha tocado vivir, no encuentran su lugar y optan por algún tipo de locura. Debemos preguntarnos: ¿existe una relación entre la estructura social y la locura? ¿Podemos decir que ciertas formas de organización social pueden propiciar que algunos individuos opten por la locura como medio para afrontar los retos que se les presentan? ¿Los personajes de "Cuello de gatito negro", "Manuscrito hallado en un bolsillo", "Queremos tanto a Glenda", sufren los efectos de una sociedad que los empuja a la demencia?

Para poder contestar estas preguntas es necesario revisar la forma como está diseñada la sociedad tecnológica en la que vivimos -la dominación del individuo a través de los medios de comunicación, el uso del lenguaje para provocar una respuesta que elimine la crítica y la conciencia individual, la manipulación a través del tiempo libre y del trabajo- que lleva a la formación, de acuerdo con Marcuse, de un pensamiento y un individuo "unidimensional".

En esta sociedad, las formas predominantes de control social son tecnológicas y han sido introyectadas en el individuo, de tal manera que afectan la posibilidad de protesta desde su raíz. Aquellos inconformes, que han logrado mantener un pensamiento autónomo, una conciencia individual, son mirados con desprecio y su protesta es considerada como un signo de neurosis y resentimiento social.

La libertad interior, el espacio privado en el cual el hombre es él mismo, actualmente, ha sido invadida por la realidad tecnológica y el individuo se identifica con su sociedad de tal manera que deja de ser él mismo. Mediante esta identificación, producto de un esfuerzo y una organización elaborada y científica, la sociedad industrial avanzada acalla y reconcilia a la oposición. El individuo termina identificándose con las cosas que produce y consume.

Según Palacio: "La negación del hombre es su enajenación. Enajenar es hacer extraño, extrañarse de lo que es propio, dejar de ser uno mismo –ante sí-, para ser otro" (2). Enajenarse es perder la identidad. Se deja de ser lo que se es para convertirse en un extraño, ajeno, donde uno no se reconoce a sí mismo y tampoco se reconoce en sus obras. En la enajenación prevalece el extrañamiento del *yo*, de sus principios y fines. La enajenación encuentra en el desprecio, el olvido y la negación de la vida interior el camino para excluir a la razón, para eliminar la ética y producir, lo que Palacio denomina, el hombre infra ético.

La identidad es un proceso de autoconocimiento, de autoafirmación, implica un esfuerzo, una búsqueda de la conciencia propia, una necesidad de ser claro y transparente para uno mismo; la identidad es "dejar de ser preso", vivir en la búsqueda de la verdad. La pérdida de identidad es la consecuencia de estar determinado por otro, depender de factores externos que le imponen fines que no controla.

Para Marx, la alineación es la condición del hombre en la cual sus propios actos se convierten en un poder extraño, que está por encima y en contra de él, en lugar de ser dominado por él. De acuerdo con Fromm, "todo acto de adoración sumisa es un acto de alineación y de idolatría" (3). Cortázar nos presenta en "Queremos tanto a Glenda" a un grupo de personajes alienados, entregados de manera idólatra a ensalzar la figura de una actriz, como revisaremos más adelante.

Para Erich Fromm, la alienación en la sociedad moderna es casi total ya que impregna la relación del hombre con su trabajo, con el Estado, con las cosas que consume, con los otros hombres y consigo mismo. No sólo el trabajador, con su trabajo repetitivo e irreflexivo, se encuentra alienado, también el papel de los administradores es alienante. Todos se enfrentan a gigantes impersonales como la empresa, el mercado, los sindicatos, el gobierno y los propios consumidores como totalidad. Todos están sumergidos en otro gigante impersonal, que es la burocracia, cuya relación con el individuo es parte importante de una cultura alienada. El consumo, la satisfacción de fantasías estimuladas en forma artificial, es una realización alienada del *yo*, que no lleva a la satisfacción de nuestra persona real, ya que el consumo, que antes era un medio para lograr la felicidad, se ha convertido en un fin en sí mismo.

El deseo y la locura

Para Marx, "cada persona especula para crear una nueva necesidad en la otra persona, con el fin de someterla a una nueva dependencia, a una nueva forma de placer y, por ende, a su ruina económica... Junto con una multitud de mercancías, crece el ámbito de cosas extrañas que esclavizan al hombre" (4). En este sistema alienado, donde no controlamos las leyes que nos gobiernan, renunciamos a toda responsabilidad y nos sometemos a lo que el futuro nos depare. Así, todos somos una mercancía donde los unos usan a los otros. No hay amor ni odio, sólo existe una amabilidad superficial que cubre la indiferencia, el desencanto y la desconfianza. La alineación del hombre con respecto al hombre ha dado como resultado la pérdida de vínculos generales y sociales y ha generado un mundo movido por intereses egoístas, donde los hombres se usan mutuamente. El hombre así termina por experimentarse a sí mismo como una cosa que debe ser utilizada en el mercado. Alienado de sus facultades, no se considera a sí mismo como un portador de cualidades humanas. Su personalidad alienada se pone en venta a costa de su sentido de dignidad.

Para Marcuse, por debajo de su dinámica aparente, la sociedad industrial avanzada es un sistema de vida completamente estática que se impulsa gracias a su productividad opresiva y su coordinación para favorecer a unos cuantos, a costa del dominio efectivo del hombre y la naturaleza. La dominación disfrazada de libertad se extiende a todas las esferas de la existencia pública y privada y somete todo intento de oposición al sistema, eliminando así todo elemento perturbador. La organización tecnológica se ha convertido en el máximo poder, dominante y totalitario, donde las necesidades de la economía nacional son en realidad las necesidades de las grandes empresas y el control está dado por la sujeción a un sistema de alianzas militares, convenios monetarios, asistencia técnica y modelos de desarrollo impuestos por el máximo poder.

Debemos preguntarnos si esta sociedad tecnológica en que vivimos nos empuja a buscar un refugio en la locura, ya que "el individualismo, característico de los periodos de crisis es la causa última de la locura" (5). Para Bastide, la psicosis debe reubicarse en el marco de la evolución del hombre y en el de la evolución de las estructuras sociales en que el hombre se inserta, ya que, existe una homología entre la evolución de ambas estructuras. La pérdida de la solidaridad social provoca un repliegue del individuo en la subjetividad que trae consigo el triunfo del individualismo.

Para Devereux, ciertos rasgos estructurales de nuestra sociedad son homólogos a los rasgos estructurales de la esquizofrenia: "impersonalidad de las relaciones humanas, fría objetividad como ideal científico, indiferencia afectiva y aislamiento en las grandes metrópolis, sexualidad reducida a la simple fornicación, fragmentación de nuestro comportamiento cotidiano, a raíz de que pertenecemos a todo un conjunto de grupos que nos imponen roles a menudo contradictorios, por lo cual nuestra conducta pierde su antigua coherencia y aparece dislocada; seudorracionalismo, que cada vez prueba ser una mera justificación de nuestras fantasías o un simple disfraz de nuestra imaginación y no de la realidad; pérdida de la sensación de hallarnos comprendidos y comprometidos en la vida social; creciente sensación de estar 'poseídos', 'manejados' y 'colocados en relación de dependencia' por fuerzas contra las cuales nada podemos; pérdida del sentido de nuestra identidad personal, lo que incluye el fenómeno de la masculinización de las mujeres y la feminización de los hombres, condenación de la autonomía del hombre, que ya no puede realizarse como verdadera personalidad independiente y libre, que no deja más camino que la rebelión mediante un acto de cólera" (6). Muchas de estas características las encontraremos en los personajes de "Cuello de gatito negro", "Manuscrito hallado en un bolsillo", "Queremos tanto a Glenda" y algunos otros cuentos de Julio Cortázar.

La administración de las conciencias y la enajenación del hombre en esta sociedad tecnológica trae consigo la enajenación del Eros, que se convierte en un Eros industrializado, sujeto a una imagen vacía, a las mismas pautas de la manipulación del pensamiento, a la imposibilidad de la autodeterminación.

El amor no es posible, dentro del mundo enajenado ya que, en el momento del encuentro, la pareja se desconoce y no logra establecer vínculos afectivos. Ahí, se refleja la anulación de la conciencia de que han sido víctimas, como analizaremos en estos cuentos de Cortázar. La imposibilidad del amor, la anulación de la conciencia del *tú* y el *yo*, la imposibilidad del encuentro es una característica de la sociedad de nuestro tiempo.

En esta sociedad que acabamos de reseñar, existe una homología entre la evolución de las psicosis y la evolución de las estructuras sociales. Para Bastide, cuando el mundo exterior se muestra como un mundo ajeno y agresivo, la psicosis tiende a convertirse en un "mecanismo de defensa" (7).

El desarrollo de superorganizaciones abrumadoras, la desaparición del mundo de la naturaleza en la vida del hombre y la existencia de un poder invisible que planifica al individuo puede traer como respuesta la inserción de lo patológico en la vida cotidiana. De esta manera, algunos individuos, que no logran adaptarse a este mundo hostil, han sido empujados por el camino del comportamiento anormal, haciendo del conjunto de sus perturbaciones "un ritual de rebelión" (8).

En "Cuello de gatito negro" de Julio Cortázar nos encontramos con este "ritual", esta inserción de lo patológico en la vida cotidiana, esta rebelión contra un mundo donde "a fin de cuentas, nadie, en el estado actual de las relaciones interhumanas en nuestra cultura, se siente cómodo" (9).

El tema general del libro <u>Octaedro</u> de Cortázar, donde se encuentran los cuentos "Cuello de gatito negro" y "Manuscrito hallado en un bolsillo", es el horror, que aparece junto con una "intensa conciencia de 'ser para la muerte', padecida por los protagonistas" de estos relatos. Además, el autor nos deja sentir a lo largo de sus páginas un "inquietante halo de 'anormalidad'… El resultado es un tono narrativo consistentemente sombrío". (10).

En un ambiente sórdido, inquietante, donde los límites de la cordura y de la locura no están bien delimitados, se da la historia de "Cuello de gatito negro".

Lucho es un individuo que aprovecha sus viajes en el metro de París para, en un juego del gato y el ratón, buscar "un cuerpo pegado a tantos otros esperando..." (11). Así se encuentra con Dina, una mulata, que toma la iniciativa y con su dedo pequeñito se trepa al "caballo húmedo", al guante marrón del personaje. "Para ella era siempre así, no podía controlar sus manos que buscaban un encuentro. A Lucho le pasaba igual, sin embargo, el juego, para él, no era divertido. Cuando su mano toma la de ella "le pareció que estaba temblando, pero otra vez el guante negro pequeñito colgante tibio inofensivo ausente... y no se podía hacer nada, era agradable y no se podía hacer nada, o era desagradable pero lo mismo, no se podía hacer nada" (12).

A lo largo de la narración se van presentando pequeñas indicaciones desorientadoras que presagian un desenlace donde, como un animal de presa, el hombre (un guante marrón) caerá sobre su víctima (el guantecito negro).

Sobre la barra del metro, los dedos de Lucho se cierran sobre la mano de ella como quien aprieta el cuello de un gatito negro. De camino al departamento ella comenta: "¿De qué sirve tener más tiempo?" (13). Y él, cansado de la plática, "había bromeado, ya decidido a basta, a otra cosa, inútil insistir y al mismo tiempo admitiendo que Dina sufría, que a lo mejor le hacía daño renunciar tan pronto a la comedia" (14).

El autor nos lleva a pensar que el hombre va a cometer un acto atroz; sin embargo, de manera ambigua, la agresividad de Lucho se va difuminando y son los rasguños y los golpes de ella los que desencadenan la violencia, mientras "Lucho... la oía desde un miedo vago" (15). En el departamento, después del acto sexual, en la oscuridad, la mujer se convierte en una fiera, con garfios, uñas, garras. Dina rasguña a Lucho y lo hace huir, lleno de temor, hasta la puerta, que cierra tras de sí antes de que ella pueda alcanzarlo.

El elemento fantástico aflora en esta visión ambigua de una mujer transformada en un animal con garras. "Para el lector, como para (Lucho), lo que ha sucedido dentro de la pieza permanecerá inexplicable, ya que la voz narrante transmite sólo la visión que el protagonista tiene de las cosas, y en la oscuridad su visión ha sido nula" (16), dejando el final sin una explicación que nos haga entender y desentrañar su por qué. Además, esta indefinición de los hechos se acentúa "por la interrupción de la historia antes de su conclusión lógica: también los finales truncos entran en esta poética de lo incompleto" (17), donde el narrador observa el mundo como "un miope sin anteojos".

Dina es una mujer perturbada que sufre, que no puede controlar sus manos que piden en el metro que un hombre la acompañe, que recibe insultos y agresiones de aquellos que la llevan a su casa (ninfómana, putita, vulgar, manotazos a las nalgas), que cuenta su historia y abre su corazón y sus sentimientos a un desconocido.

Lucho y Dina se entregan a la relación sexual como un juego. Primero el acercamiento con las manos, después las caricias en un juego sin freno. A través de la narración, Cortázar nos convence de la debilidad de la mujer que llora, que se lamenta, que no quiere, para después sorprendernos.

Foucault analiza el principio de isomorfismo entre las relaciones sexuales y las relaciones sociales. Según este principio, el acto sexual es interpretado como un acto de poder, una relación entre un superior y su subordinado. Para este autor, las relaciones sexuales y sociales se rigen por los mismos esquemas de pensamiento (18).

Dina que, desde el título del cuento se insinúa como un ser frágil, una víctima de los hombres que podría encontrarse en peligro de muerte, que ofrece su cuello de gatito negro, va adquiriendo fuerza a medida que el encuentro sexual progresa.

La afirmación de Dina: "a lo mejor habría que encerrarme", nos anticipa, veladamente, un cambio en la actuación de la mujer. Ante las quejas de Dina, "no, no, por favor", Lucio se aventura a besarla y poco a poco ella cede, abandonándose a las caricias dócilmente. Finalmente, la lámpara se rompe y la oscuridad transforma a la mujer en este ente poderoso y agresivo: "El tirón en el sexo lo hizo gritar más de sorpresa que de dolor" (19).

En la oscuridad, se adivina una presencia siniestra, ¿Dina?, un ente con garras y garfios que agrede al hombre y lo lastima. En la lucha, la mano de Lucho se aferra al cuello de gatito negro de Dina. Por un momento, Cortázar nos engaña y nos hace suponer que Lucho apretará ese cuello que suponemos débil. Sin embargo, el enfrentamiento sigue y, finalmente, el hombre acosado, desesperado y cubierto de sangre encuentra la puerta y huye del departamento.

En este relato podemos observar este isomorfismo del que habla Foucault. La relación de poder está presente no sólo en la relación de los amantes, también en la relación de una sociedad enferma que somete a los hombres y mujeres a un mundo de alienación y abandono. El poder, la policía, terminará imponiéndose sobre los amantes.

A lo largo de este encuentro, la ambigüedad se deja sentir en el relato. Dina exige que haya luz y sin embargo no quiere sostener un fósforo y lo dobla hacia abajo. "No te das cuenta que no quieren. Es otra vez. Otra vez qué. Eso. Otra vez qué. No, nada, hay que encontrar la vela" (20). Más adelante, una sensación de quemadura le desgarra la mejilla y los labios a Lucho. "Se aferró hacia atrás para librarse de eso que seguía aferrando la garganta de Dina, cayó de espaldas en la alfombra, se arrastró de lado sabiendo lo que iba a ocurrir, un viento caliente sobre él, la maraña de uñas contra su vientre y sus costillas, te dije, te dije que no podía ser, que encendieras la vela" (21).

Cortázar nos hace sentir que existe la posibilidad de que hubiera una presencia ajena entre la pareja, una presencia que "no quiere", una presencia siniestra que aferra la garganta de Dina que un momento antes, nos dice, apretaba Lucho. Finalmente, ya en el rellano de la escalera Lucho, sacándose la sangre de la boca y los ojos, piensa: "no me va a abrir... se ha desmayado con el golpe y está ahí en el suelo, no me va a abrir, siempre lo mismo, hace frío, hace frío" (22).

En varios de los cuentos de Cortázar donde aparece el tema de la sexualidad, "encontramos siniestras representaciones de lo extraño, de lo Otro, que alternativamente aparece como Femenino ("Circe", "Las Ménades", "Cuello de gatito negro") o como masculino ("Las armas secretas", "Siestas") (23).

En "Bestiario", el tigre simboliza el deseo que deambula por la casa. En "Cuello de gatito negro", en la oscuridad, el narrador no puede ver lo que está sucediendo; sin embargo, la presencia extraña que se describe, tiene características que podemos relacionar con un felino, un gato furioso. Lo fantástico está relacionado con esta representación extraña de lo siniestro que, en muchos cuentos de Cortázar, está relacionada con el acto sexual.

"Abríme Dina, abríme, no importa que siempre haya sido así pero abríme... Siempre lo mismo" (24), dice Lucho. Con estas frases, Cortázar siembra la duda de qué es lo que para Lucho siempre se repite. Enseguida continúa diciendo: "éramos otra cosa, Dina, hubiéramos podido encontrar juntos, por qué estás ahí en el suelo, qué te hice yo, por qué te golpeaste contra la puerta... estás llorando y maullando como un gato lastimado" (25).

Como ya hemos revisado anteriormente, Freud admite que el sadismo es un instinto de muerte que coincide con el apoderamiento erótico, con la destrucción del objeto. El masoquismo es un instinto complementario del sadismo vuelto contra el propio yo. Lucho y Dina, sadomasoquistas, se buscan, se necesitan y no se encuentran. Su relación casual lleva a la mujer casi a un callejón sin salida, al dolor, a la violencia y a él a la cárcel.

"La tendencia a causar dolor al objeto sexual o ser maltratado por él es la más frecuente e importante de las perversiones" (26).

Para Foucault en <u>Historia de la locura,</u> el loco moderno lleva "consigo imposibles deseos y el salvajismo de un desear, el menos libre de la naturaleza" (27). El loco, para este autor, es un hombre alienado, ajeno de sí mismo. La locura enuncia el deseo insensato del hombre, que no tiene cabida en este mundo. Su lenguaje tiene significados distintos, donde no aparecen las figuras del mundo, sino las verdades secretas del hombre. El loco "lleva más verdades que las suyas propias" (28) y actúa como un gran espejo del mal que aqueja a la sociedad.

Lucho y Dina son estos locos que, encadenados a sus pulsiones, sometidos a su mundo de soledad y alineación, buscan en el juego de amor y destrucción, de Eros y Tánatos, una solución a su vida vacía. Él busca a su víctima al igual que esta víctima busca a su victimario y, a su vez, ella se transforma en victimario cuando araña y golpea. La insatisfacción diaria, el aislamiento de los protagonistas en un mundo donde no hay comunicación, donde no existe la solidaridad, lleva a ambos a un callejón sin salida, donde la irrupción de la violencia es la única puerta posible.

A lo largo de la narración, las manos tienen un papel muy importante y son incontrolables. Las manos se encuentran en la barra del metro y son un instrumento de comunicación más eficiente que las mismas palabras. La torpeza para expresarse, las frases entrecortadas que tratan de articular un discurso nunca claro, nos permiten imaginar la enajenación y soledad en que habitan Lucho y Dina. Ambos son dos solitarios en un mundo hostil, dos individuos angustiados y temerosos que buscan en el otro una solución destructiva. Las pulsiones asoman por estas manos que no pueden ser reprimidas. Éstas buscan al hombre y se le ofrecen, "es siempre así, no se puede con ellas", dice Dina. (29). Las manos aprietan otra mano en señal de poder o quedan colgando sumisas, balanceándose sin objeto; éstas se entregan al juego sexual, acarician y arrancan la ropa del otro, sirven el café, rompen una lámpara, buscan una vela, unos cerillos, encienden un cigarro y finalmente rasguñan como garfios, golpean y aprietan un cuello de mujer, como "el fósforo aplastado entre dos dedos, cangrejo rabioso" (30).

Para Foucault la locura puede ser transparente e incolora; sin embargo, aunque aparentemente secreta, hace explosión en la objetividad provocando la violencia y a veces actos asesinos. Para este autor, "del hombre al hombre verdadero, el camino pasa por el hombre loco" (31). Y esta locura, que es la sinrazón, que provoca un acto irresponsable e insensato, ajeno a la voluntad del individuo, es producto de un determinismo. El sujeto actúa sin motivo y cuando todo ha terminado, cuando su crimen ha sido consumado, su meta ha sido alcanzada. Es él mismo y es otro a la vez, es un individuo alienado. Para Foucault el loco, "es el alienado en la forma moderna de la enfermedad... es él mismo y otra cosa que él mismo, ... está hundido en aquello que lo pierde, ... es inocente porque no es lo que es; es culpable de ser lo que no es" (32).

La sociedad tecnológica ha creado este hombre enajenado, que busca y no encuentra, que ha perdido el camino y que "desea haberlo perdido para siempre" (33), que en su noche de locura donde ha sido arrojado, carece de límites y ha alcanzado en su soledad los confines lacerantes del mundo.

Lucho y Dina buscan y no encuentran, se entregan a la esperanza del amor y sólo encuentran el dolor y la violencia, se sienten cercanos cuando están distantes, quieren transgredir las normas de un mundo que los lastima y se encuentran con el desprecio de los otros y con la policía. La transgresión de las reglas trae como consecuencia el castigo para ambos personajes. El amor, que en esta sociedad tecnológica se confunde con el acto sexual, trae consigo la soledad de dos que no se encuentran estando juntos, dos que se desconocen mutuamente, que esperan aquello que nunca ha de llegar: "hubiéramos podido encontrar juntos,... si me abrieras encontraríamos la salida, ya viste cómo todo iba tan bien, simplemente encender la luz y seguir buscando los dos..." (34). Ambos protagonistas han sido condenados, por la sociedad de la desesperanza, a la imposibilidad del amor y del encuentro.

Para Lastra y Coulson, "el horror surge tanto de las visiones y obsesiones de los protagonistas como del posible autorreconocimiento que éstas estimulen. La visión del mundo... remite a una interioridad 'anormal' que da cuenta de las obsesiones del narrador...La presencia de lo ominoso... remite a la muerte" (35).

El hombre necesita vínculos con el prójimo, su salud mental depende de esto. Sin lazos afectivos, se siente aislado y desorientado; su soledad interior, sus carencias afectivas, lo pueden empujar a ciertas formas de locura. Si la sociedad, como está establecida, estimula la individualidad y el egoísmo, inhibiendo la interacción y la solidaridad, los pocos caminos que quedan abiertos pueden ser muy destructivos: "destruyendo al mundo impido que me aplaste" (36).

Como ya hemos visto, las múltiples normas y sanciones de la sociedad moderna reducen progresivamente la oportunidad de autorrealización del hombre e incrementan las posibilidades de agresión ante el cúmulo de frustración experimentada. Por lo tanto, podemos concluir con Foucault, que "de ahora en adelante, y por medio de la locura, es el mundo el que se convierte en culpable" (37).

En "Manuscrito hallado en un bolsillo", Cortázar nos presenta un mundo "donde todo ocurre bajo el signo de la más implacable ruptura, dentro de un tiempo bajo tierra..." (38). El metro de París con sus estaciones y sus correspondencias es el escenario de una búsqueda que, de acuerdo con el protagonista, podía traer la respuesta. En este relato, el protagonista no deja a la suerte, al azar, el encuentro amoroso. Todo se basa en un juego de convergencias, en un ritual obsesivo donde deben sincronizarse las miradas, las imágenes en el reflejo de la vidriera del vagón, una sonrisa aceptada o repelida, la decisión de tomar un camino u otro, de salir hacia la calle por una puerta o la siguiente. Si todo coincide, el protagonista seguirá a la mujer, cuyo nombre puede ser Magrit o Ana, Paula u Ofelia: "Mi regla de juego era maniáticamente simple, era bella, estúpida y tiránica, si me gustaba una mujer, si me gustaba una mujer sentada frente a mí, si me gustaba una mujer sentada frente a mí junto a la ventanilla, si su reflejo en la ventanilla cruzaba la mirada con mi reflejo en la ventanilla, si mi sonrisa en el reflejo de la ventanilla turbaba o complacía o repelía al reflejo de la mujer en la ventanilla, si Magrit me veía sonreír y entonces Ana bajaba la cabeza,... entonces había juego... daba exactamente lo mismo que la sonrisa fuera acatada o respondida, o ignorada, el primer tiempo de la ceremonia no iba más allá de eso..." (39).

El inicio de lo que el protagonista llama "juego" despierta en él sentimientos abrumadores que nos remiten a "El pozo y el péndulo", de Edgar Allan Poe. En esta historia un prisionero de la Inquisición es condenado a muerte por hereje. Con la terrible noticia se desvanece y se siente precipitado al mundo de Hades. Cuando despierta de su profundo sueño se encuentra en un pozo oscuro, que llega a iluminarse levemente con una claridad sulfúrea. Las paredes, como un infierno dantesco, están pintadas groseramente con emblemas horribles y repulsivos, "nacidos de la superstición sepulcral de los frailes. (Son) figuras de demonios y esqueletos con gestos amenazadores. En una de las paredes aparece una representación del Tiempo, con un enorme péndulo, en lugar de guadaña. Después, una media luna de acero, desciende lentamente, oscilando sobre el cuerpo del protagonista, que se encuentra amarrado a una armadura de cuero. Para completar el sufrimiento las ratas, en un número incalculable, lo atacan con voracidad. 'Todo no es más que locura, la locura de una memoria que se agita en lo abominable', expresa el prisionero" (40).

En la narración de Poe, un hombre es llevado al infierno por su herejía. La culpa de su crimen debe ser castigada con las torturas más monstruosas. El personaje de Cortázar en "Diario encontrado en un bolsillo" sufre un tormento semejante, pero en esta historia el sufrimiento es interno y el crimen, que debe ser castigado, ocurre cuando el individuo se interesa por una mujer. La posibilidad del encuentro, la manifestación del deseo, la culpa que éste provoca, es percibida por el sujeto como una situación amenazante: "Entonces empezaba el combate en el pozo, las arañas en el estómago, la espera con su péndulo de estación en estación" (41).

El infierno aparece como una realidad tangible en "El pozo y el péndulo" y como una sensación interna en la historia de Cortázar. Este último presenta el subterráneo de París como el reino de Hades. El personaje baja al infierno en busca del deseo, Orfeo en busca de Eurídice. Es la entrada al inconsciente, al mundo de las pulsiones reprimidas que causan culpa y desatan el castigo. En ambas narraciones los personajes son prisioneros, uno de la Inquisición, el otro de su *superyó*.

El hombre que se inventa un ritual para realizar su deseo se encuentra destinado a seguir cada paso de su difícil elaboración para poder acceder al encuentro; finalmente éste le causará dolor: "Como ya con Paula (con Ofelia) y con tantas otras... una vez más fue el pozo donde la esperanza se enredaba con el temor en un calambre de arañas a muerte, donde el tiempo empezaba a latir como un segundo corazón en el pulso del juego; desde ese momento cada estación del metro era una trama diferente del futuro porque así lo había decidido el juego" (42). Sin libertad, este personaje atormentado debe seguir cada paso de su ritual hasta el final. La transgresión a las reglas por él impuestas, lo llevará a la muerte.

La soledad de este hombre lo empuja a buscar. Después de varias coincidencias, donde las miradas se encuentran y la estación de bajada corresponde a la estación previamente pensada, el protagonista sigue a Ana o Magrit. Sin embargo, en el último paso de la ceremonia el juego se pierde porque la mujer escoge la puerta equivocada. Pero, haciendo caso omiso del código, por esa vez, él decide abordarla: "No sé cómo decirlo, las arañas mordían demasiado, no fui deshonesto en el primer minuto, simplemente la seguí para después quizá aceptar, dejarla irse por cualquiera de sus rumbos allá arriba" (43). La única manera de acabar con las arañas, con el deseo que aspiraba a su realización, es transgrediendo las reglas.

"No puede ser que nos separemos así, antes de habernos encontrado" (44), dice el protagonista a la mujer, de nombre Marie Claude, que no podía sospechar de la existencia de las arañas que mordían en el pozo y que esperaban. Pero este tema, al principio queda vedado, ya que él no hubiera podido explicarle lo que ella hubiera entendido como locura. Después, se lo explicó todo y, cuando las arañas despertaron nuevamente, fue necesario separarse y recomenzar la búsqueda ajustándose a las reglas del juego establecidas.

El protagonista vive la imposibilidad del amor y su realización; sus más íntimos pensamientos y sentimientos son rechazados por su conciencia y son relegados a la oscuridad del pozo, a la profundidad de una terminal de metro, al inconsciente. "Desear tanto ese mechón negro que la peinaba la frente, desearla como un término, como de veras la última estación el último metro de la vida, y entonces el pozo…" (45), la culpa, el castigo, el encuentro con el *superyó*, los infiernos.

"El metro es un infierno que visitamos en vida", dice Cortázar; es "un laberinto lineal" (46). El metro es el mundo de abajo, "el inconsciente, con su especial 'tiempo bajo tierra', túneles oscuros, reflexiones de luces de neón, y siempre la anticipación angustiosa de la espera" (47). También es una metáfora de la vida, "el recorrido entre dos estaciones, el nacimiento y la muerte" (48).

Ante el acoso del hombre (en "Cuello de gatito negro" y "Manuscrito hallado en un bolsillo"), la aceptación por parte de la mujer es considerada como una muestra de debilidad y de falta de moralidad. Ella, que para el protagonista semeja un animalito lastimado, accede al acoso; sin embargo, debe sentirse avergonzada: "en la calle no había tenido miedo, contradictoriamente, mirándome en los ojos, bebiendo su cinzano, sonriendo sin avergonzarse de sonreír, de haber aceptado casi enseguida mi acoso en plena calle…, ni siquiera parecía darse cuenta de que cualquier imbécil la hubiese creído fácil o tonta" (49). El autor, como veremos en otro capítulo, asume que la mujer, en el momento de la entrega, se rebaja.

"Por primera vez en mí mismo como en un increíble país extranjero" (50), exclama el protagonista, después de su primer encuentro con la joven. El mundo donde habita no le pertenece, ya que, a pesar de vivir en él, se encuentra ahí por primera vez y le es ajeno. En su enajenación vive la imposibilidad del amor, perdido en las estaciones del desencuentro, perdido en un universo que no reconoce como propio, donde no logra ser auténticamente él mismo y acceder a sus deseos.

Alienado, el protagonista-narrador debe vivir "una metrópoli cualquiera en donde la atomización del individuo lleva consigo la carencia de comunicación, la preponderancia de un orden rígido y ficticio fundado en la coacción, en el miedo frente a lo desconocido. Encajan perfectamente en este marco de ineludible violencia los mecanismos del metro… Al sentirse esclavo de las reglas férreas que rigen el mundo real, el protagonista decide transgredirlas… forjando un ritual…" (51). El juego, divertimento y escape del mundo real, y el rito, medio para volver a restablecer las reglas de ese mundo, se funden aquí. Juego y rito coinciden en los subterráneos del metro de París. Para Rhonda Dahl Buchanan, la libertad no existe para este hombre atormentado. El juego debe repetirse infinidad de veces; como en el pasado, seguirá ocurriendo en el futuro, si la muerte no pone un fin al juego.

Para el protagonista, en su locura, la única forma de matar a las arañas sería negar la ley, el código impuesto, transgredir lo establecido por el mismo personaje. Sin embargo, este acto de rebeldía no traerá su salvación, sino su muerte.

Atrapado en el rito, atrapado en su locura, el protagonista se siente bajo una constante vigilancia y censura (las arañas en el pozo), expuesto a los castigos que su *superyó* le inflige. Él es un preso sin libertad y está predestinado por un juego absurdo que debe seguir escrupulosamente, donde la única decisión que puede tomar es bajarse en una estación o en otra. Finalmente, su búsqueda lo llevará a la muerte. Sin embargo, a pesar del sometimiento al ritual establecido, el azar será el que defina su fin. Para Paredes, "este relato contiene el momento máximo de escritura azarosa y espontánea en Cortázar. Se procura que el azar ocupe e impulse al narrador de la misma manera que lo rige como protagonista del suceso" (52).

Podemos relacionar la presencia de estas arañas que muerden en el momento de la atracción erótica con la presencia de un ente indescriptible, que posee garfios que rasguñan y que se hace presente después del acto sexual en "Cuello de gatito negro". Al mismo tiempo, en "Bestiario", el tigre se presenta como símbolo del deseo. Para el autor, el deseo, el sexo está fuertemente ligado a la violencia y a la muerte.

Julio Cortázar asevera en una entrevista: "El título es la clave del cuento, es su final. Lo más probable es que al fallar el encuentro, el protagonista se arrojó del tren siguiente y el 'manuscrito' fue encontrado en su bolsillo" (53).

Para Rhonda Dahl Buchanan, el protagonista de la historia se sintió atrapado en la trampa del laberinto del metro y cuando sintió que nunca sería "amo de sí mismo", que nunca encontraría la felicidad, eligió la muerte como su última jugada en la búsqueda por la realización del ser.

Dentro de la sociedad tecnológica que cubre el temor, la frustración y el desencanto, con "una conciencia feliz", el individuo acepta, sin saberlo, la derrota, y vive "la cultura de la desesperanza" (54). Este hombre enajenado, desesperado, perseguido por una culpa que no alcanza a comprender, está atrapado dentro de un universo igualmente enajenado, representado por el metro. Su imposibilidad de acceder a la libertad, de salir al aire libre y abandonar las estaciones y pasillos del metro, su imposibilidad de lidiar con su inconsciente, lo mantiene atado al pozo y las arañas.

El amor, en esta sociedad tecnológica, se convierte en "la soledad de dos que no se encuentran estando juntos, en la vaciedad donde ambos se desconocen mutuamente" (55). El encuentro que inmediatamente se convierte en separación, profundiza el sentimiento de abandono.

El protagonista de "El pozo y el péndulo" será rescatado de la muerte en el último momento y el personaje de Cortázar encontrará la muerte en sus recorridos por el inframundo, en el pozo y las arañas, dejando como testamento su manuscrito: "La muerte, cualquier muerte menos la del pozo" (56), clama el hereje.

En "Cuello de gatito negro" y en "Manuscrito hallado en un bolsillo" nos encontramos con un mismo conflicto: el hombre alienado, que no sabe manejar sus pulsiones y vive en la culpa, refugiado en su locura, sin poder encontrar su lugar en un ambiente adverso, individualista. Este hombre, que no logra romper el muro que lo separa de sus semejantes, vive incomunicado: "la llamé desde un silencio y una inmovilidad", nos confiesa. (57). Sin esperanza, debe buscar en el encuentro efímero la respuesta a su necesidad de amor.

Otra característica destacable en estas historias es el papel asignado a la mujer y al hombre en el momento del encuentro sexual: ella debe ceder, someterse y entregarse al deseo del otro, mientras que él se impone y desprecia a la mujer deseada. Estas características muestran una visión machista del encuentro amoroso por parte del autor.

En "Manuscrito hallado en un bolsillo", los rituales que el personaje crea en su cerebro para acercarse a sus semejantes lo enfrentan finalmente con la muerte, con su destino, donde todo está decidido por adelantado. En la búsqueda de la realización de su deseo se encuentra con el pozo, donde la esperanza se enreda con el temor. En "Cuello de gatito negro", el encuentro final se da con la policía y la violencia. Para ambos protagonistas, la locura es un camino, una rebelión contra el mundo hostil donde viven. El camino hacia el amor se encuentra vedado para casi todos los personajes cortazarianos.

Podemos concluir con Marcuse: "el amor sólo puede darse en el encuentro de dos libertades, en la autoconciencia, en el conocimiento del otro, en la solidaridad humana, que es la dimensión social del amor. Cuando el destino del hombre está ya escrito y determinado y a él sólo le queda cumplirlo, adoptarlo, la imposibilidad del amor se hace patente" (58).

En "Queremos tanto a Glenda", varios cinéfilos se reúnen para admirar a su actriz favorita. Así, surge el "núcleo", el club, un grupo de admiradores de Glenda Garson: "también nosotros admirábamos a Glenda y además a Anouk..., pero solamente nosotros queríamos tanto a Glenda, y el núcleo se definió por eso" (59).

Entre las películas de la actriz se cuentan: "El uso de la elegancia", "Los frágiles retornos" (que nos remite al retorno de la actriz, después de haberse despedido del cine, acto que le acarreará la muerte); "El fuego de la nieve", (la pasión por Glenda en contraste con la decisión fría y calculada de ejecutarla); "El látigo" (que hace referencia a la violencia, a las pulsiones de muerte que aparecen en la narración); "Nunca se sabe por qué" (que podría estar relacionado con el futuro trágico de la actriz y con la actitud fuera de toda lógica, rayando en la locura, de los integrantes de este extraño club) y "Los delirantes", donde Glenda "apareció en escena para representar a la joven asesina... y su éxito rompió los diques y creó entusiasmos momentáneos que jamás aceptamos" (60). Glenda pasará de asesina de ficción a víctima real de un grupo de "delirantes", que rompen los diques de la cordura para, de manera irracional, sentenciar a muerte a la actriz.

La entrada a este club terminó siendo controlada con un examen, ya que numerosos advenedizos deseaban contarse entre sus filas. Las reglas debían ser acatadas y su transgresión podía provocar "la sonrisa despectiva de Irazusta o esa mirada amablemente horrible con que Diana Rivero denunciaba la traición y el castigo" (61). Poco a poco, lo que se inicia como una asociación libre de amigos admiradores de una actriz, se va transformando en un clan de fanáticos, de "delirantes" dispuestos a llegar al asesinato para mantener la imagen de la intérprete dentro de lo que ellos consideraban la perfección.

A medida que salen nuevos títulos de la filmografía de la actriz, algunos de los integrantes del club, con sentimientos de culpa, empiezan a deslizar críticas a su desempeño. Primero asumen que los directores y guionistas son los responsables de la imperfección, después ya hablan de una misión "que no podíamos quedarnos solamente en eso, el cine y el café y quererla tanto a Glenda... Tampoco entonces se dijeron palabras claras, no nos eran necesarias. Sólo contaba la felicidad de Glenda en cada uno de nosotros, y esa felicidad sólo podía venir de la perfección. De golpe los errores, las carencias se nos volvieron insoportables" (62).

Después de definir lo que sería su misión, el grupo cerró filas y se dedicó a la difícil tarea de hacerse de todas las copias de todas las películas, en el mundo entero, y de borrar y alterar aquellas escenas donde no reinara la perfección. Cuando esto estuvo hecho, la actriz, para descanso del grupo, se despidió de su carrera cinematográfica: "había acatado sin saberlo nuestro anónimo cariño, del fondo de su ser venía la única respuesta que podía darnos, el acto de amor que nos abarcaba en una entrega última, ésa que los profanos sólo entenderían como ausencia" (63). En ese momento, el "núcleo", feliz, se sintió satisfecho con su labor, ya que ahora existiría "una perfecta coincidencia con un recuerdo lavado de escorias, exactamente idéntico al deseo" (64), y ese deseo, según Lacan, está relacionado con la muerte.

En esta obsesión con la perfección, los personajes se olvidan de una característica del cine que propone un desarrollo temporal, un movimiento que en esta historia debe congelarse, produciendo una imagen definitiva, que corresponde al arte de la fotografía más que al cinematográfico. Así, "la visión caleidoscópica con su incesante movimiento de imágenes transformadoras del espacio narrativo, que caracteriza a Cortázar en la plenitud de su obra madura, es progresivamente desplazada por una evocación selectiva que desea fijar para siempre algunos momentos únicos mediante figuras inmóviles, no sujetas al cambio ni al olvido" (65).

A través de un trabajo exhaustivo, "el mito" va tomando forma en la figura de Glenda. Aquello que empaña su imagen debe ser desechado; solamente se le da cabida a lo que la glorifique y la proyecte como ideal de perfección. Escenas que se consideraron inútiles fueron borradas o alteradas: "El mundo del cine es fugitivo como la actualidad histórica, salvo para los que queremos tanto a Glenda" (66).

La eficiencia, el profesionalismo, falla en algunas películas. Alejada de estos valores, la actriz debe ser corregida por este grupo de admiradores. La "limpieza" de todos los errores es un imperativo. La mutilación de las cintas, la corrección de escenas, la sustitución de un final por otro, da como resultado un objeto libre de imperfecciones.

En <u>1984</u>, obra de George Orwell, un grupo, el Ministerio de la Verdad, se adjudica el derecho de alterar la historia para satisfacer las necesidades de los que deciden mutilarla: "Si el Partido podía alargar la mano hacia el pasado y decir que este o aquel acontecimiento nunca había ocurrido, esto resultaba mucho más horrible que la tortura y la muerte" (67). En "Queremos tanto a Glenda", el núcleo, un grupo de fanáticos de la actriz, se adjudica este derecho. En la obra de Orwell el control lo ejerce el poder, el estado. En ambos, el miedo y la muerte se presentan como una constante.

La vida sin pasado, sin historia, pierde su significado y la vida sin un significado nos acerca al horror de la locura. En un mundo donde los recuerdos son eliminados, donde lo que uno vive (o actúa) un día, es borrado de la memoria (de la película), y sustituido por una experiencia no vivida, la frontera entre la realidad y el sueño, entre la razón y la locura, se pierde.

Los protagonistas querían tanto a Glenda que su historia debía ser escrita de otra manera, sus películas debían llegar a un desenlace manipulado, su actuación debía ser mutilada y perfeccionada por estos censores que deciden borrar cualquier asomo de imperfección: "Queríamos tanto a Glenda que los resultados eran siempre justificables, muchas veces más allá de lo previsto" (68).

Sólo la muerte de la actriz haría posible una imagen definitiva, de la misma manera que fue necesaria la muerte de Johnny Carter, en "El perseguidor", para que el crítico pudiera considerar como completa su historia.

Cuando la perfección fue alcanzada por la labor del grupo, la actriz amenazó con regresar al cine, lo que provocó que fuera sentenciada a muerte. "Queríamos tanto a Glenda que por encima y más allá de las discrepancias éticas o históricas imperaba el sentimiento que siempre nos uniría, la certidumbre de que el perfeccionamiento de Glenda nos perfeccionaba y perfeccionaba el mundo" (69). Su vida después de alcanzar el nivel de trascendencia al que la habían elevado, ya no tenía sentido. Como un Mesías debía sacrificarse en aras de su propio culto. Sólo la muerte podía mantener limpia su imagen de perfección. En la muerte, por tanto, se encerraba el sentido de la labor del "núcleo", como en la muerte de Jesús se encerraba su propia trascendencia y la posibilidad de redención del hombre.

La creación del "mito Glenda", semejante a la creación de cualquier mito religioso, enfrenta a todos a la necesidad de dedicarle todo su esfuerzo a pulir una imagen de perfección absoluta. El "núcleo" es el creador, es el dios y tiene derecho de vida y muerte sobre su creación. El "núcleo", como el clero, debe mantener limpia la imagen a adorar, en este caso, Glenda. Las citas religiosas se suceden a partir del momento en que la actriz queda limpia de toda mancha. Así, en el cuento, se habla de misión, cisma, diáspora, perfección, del descanso del séptimo día, del reino, la eternidad, los fieles, la cruz.

Todos los integrantes del "núcleo" están unidos en el amor a Glenda, como los cristianos están unidos en el amor a Jesús. En todo momento, en la vida de este grupo, está presente este sentimiento que, junto a la presencia invisible de la actriz, domina las acciones del club. Ella, sin saberlo, como cualquier imagen religiosa, produce un efecto hipnótico que se apodera del razonamiento de sus seguidores.

La falta de sentido en la vida, el convencimiento de la propia insignificancia, la frustración social, hacen posible la formación de grupos dispuestos a seguir los planteamientos de un líder, por absurdos que éstos sean. La entronización de esta figura del mundo del espectáculo responde a una necesidad de los individuos de la sociedad tecnológica de buscar una identificación. La vida vacía, el aislamiento, la necesidad de formar parte de una comunidad, propicia que estos seguidores de la actriz encuentren en su adoración la trascendencia. La sumisión al líder lleva al "núcleo" a aceptar la muerte como única salida posible a una labor absurda: el perfeccionamiento de la figura de Glenda.

Para Freud, "tal como nos ha sido impuesta, la vida nos resulta demasiado pesada, nos depara excesivos sufrimientos, decepciones, empresas imposibles. Para soportarla, no podemos pasarnos sin lenitivos ('No se puede prescindir de las muletas', nos ha dicho Theodor Fontane). Los hay quizá de tres especies: distracciones poderosas que nos hacen parecer pequeña nuestra miseria; satisfacciones sustitutivas que la reducen; narcóticos que nos tornan insensibles a ella" (70).

Dentro de las distracciones poderosas podemos incluir al arte que, en la sociedad industrial de nuestros días, es convertido en una mercancía más. Éste despierta ilusiones que ayudan a llevar adelante una vida carente de significado. El cine, al igual que la literatura, echa a andar nuestra imaginación y nos hace vivir en la ficción un mundo de logros y realizaciones que difícilmente tendremos en nuestra existencia cotidiana.

Como el individuo es el receptor de un mensaje manipulado por parte de los medios de comunicación, éste reproduce, sin pensarlo, las necesidades que la sociedad de consumo le impone. De esta manera, los medios de comunicación son utilizados como instrumentos de adiestramiento y dominio. Los "valores", entre los que figura la eficiencia, la obediencia, la sumisión y la falta de crítica, son asimilados por el individuo sin oponer resistencia.

Para Mary Berg, "el cuento es también una parodia de la historia religiosa del Occidente con su grupo de discípulos originales; la dificultad creciente de llegar a ser uno de los escogidos, la burocratización progresiva... Ya tienen su Papa, su jerarquía, su Inquisición. Desean que sea sin mancha su Deidad Suprema; su misión es perfeccionar su imagen" (71).

El deseo y la locura

El club de admiradores de Glenda vivió "la felicidad del séptimo día, del descanso después de la creación" (72), cuando su obra fue terminada. Dios condenaba a muerte a su hijo, el fruto de su creación, para que éste pudiera trascender a lo largo de la historia, para poder convertirse en mito. "Nunca el núcleo tuvo una fuerza tan terrible, nunca necesitó menos palabras para ponerla en marcha." (73)

Consumado es, dijo Jesús en la cruz, ante su inminente muerte. El "núcleo", dueño de la imagen impecable de Glenda, esperaba que su obra, llevada más allá del límite de lo racional, se viera consumada en la muerte de la actriz. "Había que irse, salimos separados, cada uno llevándose su deseo de olvidar hasta que todo estuviera consumado" (74). La dispersión del núcleo, semejante a la diáspora del pueblo judío, era necesaria.

Los sentimientos destructivos contra Glenda se justifican por la necesidad de mantener la perfección en ese "cielo tan duramente ganado" (75). Tras su muerte el grupo no volvería a encontrarse en el café; "cada uno escondería desde ahora la solitaria perfección de nuestro reino" (76). Y ese reino requería de la expiación de la culpa, de la culpa de Glenda como actriz.

En este reino -donde se ha perdido la solidaridad social, donde impera el individualismo, la impersonalidad de las relaciones humanas, el aislamiento, la indiferencia afectiva-, el hombre busca un significado en el encumbramiento de figuras públicas, en la sumisión a un líder que dirija su pensamiento y le dé sentido a su vida. Los actos irracionales que el individuo está dispuesto a emprender para justificar su sumisión al grupo lo llevan, en esta historia, a la transgresión de las reglas morales, a la justificación del crimen como único medio de llegar a la perfección. El individuo pierde la brújula y se coloca en el camino de la locura. En una sociedad enferma, la locura es una puerta de escape.

Por ser una figura religiosa, una diosa que debe mantenerse sin mancha, un Mesías que debe ser sacrificado en aras de la perfección, la actriz es asesinada. Todos, como Poncio Pilatos, se lavan las manos y aceptan su crucifixión. Así, "en la altura intangible donde la habíamos exaltado, la preservaríamos de la caída, sus fieles podrían seguir adorándola sin mengua; no se baja vivo de una cruz" (77).

Y en esa cruz, donde Glenda es crucificada, se sintetiza lo irracional, lo absurdo, lo demente de una cultura que produce monstruos capaces de llegar al crimen en aras de la eficiencia y la perfección.

En esta serie de cuentos, "Cuello de gatito negro", "Manuscrito hallado en un bolsillo" y "Queremos tanto a Glenda" observamos que la locura es la única respuesta que logran articular estos personajes ante la deshumanización de la sociedad industrial actual, donde el individuo no logra encontrar un lugar para su desarrollo y un sentido a su vida. Su búsqueda de amor, de significados, de solidaridad es infructuosa, ya que la indiferencia del mundo lo abarca todo.

Podemos concluir con Foucault, diciendo: "El loco descubre la verdad terminal del hombre: muestra hasta dónde han podido empujarlo las pasiones, la vida de sociedad, todo aquello que lo aparta de una naturaleza primitiva que no conoce la locura. Ésta se halla ligada siempre a una civilización y a su malestar... La locura empieza con la vejez del mundo, y cada rostro que la locura adopta en el curso del tiempo habla de la forma y la verdad de esa corrupción... La locura hace surgir el mundo de los malos instintos, de perversión, de sufrimiento y de violencia" (78).

6. EL DESEO Y LA VIOLENCIA
"Anillo de Moebius", "El río", "Verano"

> ...donde la luna multiplica
> las rejas y las hojas
> hasta una alcoba en la que espera
> una mujer de blanco...
> por un zaguán en el que hay una puerta
> cerrada, que vigila un hombre...
>
> Julio Cortázar (1)

El uso de la violencia para acceder a una relación sexual ha sido una constante a lo largo de los siglos, desde el inicio de los tiempos. Sin embargo, el establecimiento de normas y castigos a los que transgreden las reglas establecidas por una sociedad organizada, ha logrado limitar, no abolir, esta afrenta que va en contra de la libertad de elección de la mujer. En cuentos como "Anillo de Moebius", "La barca", "El río", "Verano", Cortázar nos presenta este conflicto.

Nietzsche considera que el hombre sufrió una dramática transformación cuando se tuvo que adaptar a la vida en sociedad y a la paz. Sus instintos se vieron envilecidos e inutilizados y esto trajo consigo un sentimiento de malestar y miseria. Sin embargo, estos instintos no pudieron ser erradicados completamente, por lo que el hombre tuvo que "interiorizarlos" y buscar satisfacciones nuevas.

El Estado se impuso sobre la tierra como una tiranía y la necesidad de libertad, que se encontraba encerrada dentro del hombre, dio origen a la "mala conciencia" donde el rencor, la crueldad y la necesidad de persecución se dirigen contra el poseedor de tales instintos, que antes constituían su fuerza, su gozo y su carácter temible. Esta "mala conciencia", para Nietzsche, ha servido al hombre para hacerse daño utilizando las ideas religiosas del cristianismo como un instrumento de tortura, donde la voluntad de verse castigado siempre es superior a la falta. El hombre lleno de un sentimiento de miseria y de malestar, se convierte así en el "animal enfermo por excelencia" (2).

Este hombre "enfermo de sí mismo", al que se trata de domesticar, se encuentra con un enemigo interno que lo maltrata y persigue, consecuencia de un pasado animal que se quiere borrar. La sumisión a las reglas fijadas por la cultura, que son llevadas como un yugo por la mayoría de los hombres, en un mundo donde antes no había freno ni normas, produjo una ruptura.

El Estado primitivo es definido por Nietzsche como "una horda cualquiera de bestias rubias de presa, una raza de conquistadores y de señores que, con su organización guerrera deja, sin escrúpulos, caer sus formidables garras sobre una población quizá infinitamente superior en número, pero todavía inorgánica y errante" (3).

Lo "bueno", en esta sociedad, no se aplica a las acciones no-egoístas, más bien tiene que ver con la manera como estos poderosos, los que tienen una situación de privilegio, definen sus acciones. El uso del poder ilimitado para someter y aniquilar la dignidad del hombre lo podemos observar en los regímenes totalitarios y, veladamente, en la sociedad tecnológica actual.

De acuerdo con la "hipótesis de frustración-agresión" (4), la agresión es un resultado inevitable de la frustración, y esta última es una constante en una sociedad opresiva, donde numerosos individuos llevan una vida marginada, sin satisfacciones. El aislamiento, los sucesos estresantes, el hacinamiento de las grandes ciudades, el aburrimiento o hastío, son otros factores que funcionan como fuentes de agresión. La sociedad tecnológica, productora de ansiedad, con todas las características que ya hemos enumerado en otros capítulos, produce en los individuos sentimientos de frustración exasperados. El mundo ha dejado de ser un mundo real. Nuestro conocimiento de éste es a través de un universo fabricado que se nos impone y que desinserta de la vida familiar al individuo. Como espectador pasivo, el hombre vive de la imagen de un significante sin significado (5).

En este mundo, el comportamiento hostil, la respuesta agresiva, la cercanía con la muerte son una constante. Esta forma agresiva de enfrentar la vida también se da en el encuentro sexual, cuando el hombre trata de eliminar, utilizando la fuerza y la violencia, una sensación de insignificancia que lo domina. Robert, personaje del cuento "Anillo de Moebius", tiene los rasgos aquí descritos.

En muchos cuentos de Julio Cortázar, la sexualidad es sinónimo de violencia y en muchos otros casos de muerte, como ya vimos en "Bestiario", en "Manuscrito hallado en un bolsillo" y, como veremos en este capítulo, en las narraciones "Anillo de Moebius", "El río", y "La barca". La sexualidad es una "actividad canibalística de destrucción y anulación de la individualidad del ser deseado. Es unión de los cuerpos y profunda separación de las conciencias" (6). Un sentimiento de hostilidad hacia la mujer deseada se presenta como parte del conflicto.

Además de una visión utilitaria de las relaciones humanas, de acuerdo con Fromm, otra característica de la sociedad tecnológica moderna es la formación de individuos alienados, que sólo perciben el mundo exterior fotográficamente, pero no tienen contacto con su mundo interior, o sea, consigo mismos. Las condiciones socioeconómicas impuestas por esta sociedad son las responsables de las perturbaciones de la salud mental del hombre occidental. La persona enajenada no puede ser sana, puesto que se siente a sí misma como una cosa. Además, la enajenación produce un sentimiento de culpa, que está relacionado con sentimientos de inferioridad. El sentimiento de no ser como los demás, de no estar totalmente adaptado, de no poder utilizar todas las potencialidades que posee, hace que el hombre se sienta en deuda, que se sienta culpable, ya que se da cuenta que la vida se le escapa sin ser capaz de vivirla en plenitud. En consecuencia, "el hombre enajenado se siente culpable de ser él mismo y de no ser él mismo, de ser un ser vivo y de ser un autómata, de ser una persona y de ser una cosa. El hombre enajenado es desgraciado" (7). Y en su desgracia se vuelve hostil hacia los demás. Sin embargo, el individuo que expresa su hostilidad dentro de la sociedad, se hace acreedor a un castigo. Para Nietzsche, el castigo, que el hombre ha establecido contra aquel que infringe las leyes creadas para garantizar la convivencia, no se aplica pensando en que el infractor es un hombre responsable de sus actos, sino por un impulso de cólera por el perjuicio sufrido, semejante a los castigos que reciben aquellos que rompen contratos entre deudores y acreedores. Para este pensador, el daño y el dolor son equivalentes, y la "falta" y el sufrimiento, son ideas inseparables. La deificación de la crueldad está presente en la historia de la cultura "superior". El hombre que no se apega a los lineamientos de la sociedad debe ser castigado. El castigo debería despertar en el culpable el "sentimiento de la falta" (8); sin embargo, en la realidad no es así. El castigo endurece y aumenta la capacidad de resistencia, retrasa el sentimiento de culpa, por lo menos entre las víctimas de las autoridades represoras, y aumenta el temor, pero no hace mejor al infractor. El castigo nos hace malos y muchas veces estúpidos.

Robert, el personaje de "Anillo de Moebius" de Julio Cortázar, después de pasar por numerosos reformatorios, donde evidentemente no fue reformado, viola y mata a una joven desconocida. Los castigos recibidos en su estancia en los centros de detención del poder, lo volvieron más resentido, más deshumanizado, más colérico, más hostil. La inutilidad del castigo, en este caso, es evidente.

En los cuentos que analizaremos en este capítulo, Julio Cortázar nos presenta historias de deseo y violencia en las que el hombre es dominado por el *ello*. De acuerdo con Freud, *e*sta instancia psíquica, donde coexisten Eros y Tánatos, contiene las pulsiones; su actividad se desarrolla en el inconsciente y su principal empeño es procurarse placer. El *ello* no entiende de valores, de normas morales, de consideraciones hacia los demás. Es una "caldera donde hierve la excitación" y su influencia se percibe en las acciones realizadas por los personajes masculinos de estas historias.

En "Anillo de Moebius", Janet, una estudiante inglesa de diecinueve años, viaja en bicicleta por Francia y se encuentra en una hondonada del bosque con Robert, de veinticinco años, un rechazado de las granjas, salido de los reformatorios, "siempre con hambre y esa inútil cólera que le torcía la cara" (9). Una mano de uñas negras sujeta la bicicleta de la mujer y la ataca, arrastrándola a un hangar donde el hombre la viola. En la desesperación por hacerla callar, aparentemente sin darse cuenta, Robert mata a la joven que, en sus últimos momentos, vive imágenes de su pasado y de su porvenir.

La historia de Robert y Janet se va presentando de manera paralela a lo largo de la narración. Por un lado, en el momento del encuentro él deseaba que ella no se debatiera, que dejara de gritar, que aceptara el acoso, pues él no quería hacerle daño. Por otro lado, ella se enfrentaba al horror del acto sexual y a la revulsión que le provocaba el ataque. Sin embargo, "el horror no venía totalmente de la bestia barbuda porque no era una bestia, su manera de hablarle al oído y sujetarla sin hundirle las manos en la piel, sus besos que caían sobre su cara y su cuello... la revulsión venía de someterse a ese hombre que no era una bestia hirsuta, pero un hombre" (10).

El rechazo, el horror, era provocado por todo su pasado de represión sexual, por las enseñanzas de las monjas, por la nota roja de los diarios comentada en la escuela, por las expresiones de una de sus amigas al regreso de su luna de miel, por su temor al hombre, por el temor a sus propias pulsiones. Virgen aún, Janet se debate entre los brazos del joven tratando de explicarle que "hasta entonces nunca". "Aulló de horror, más que de sufrimiento" (11), antes de morir. El miedo al sexo y el sometimiento a su *superyó*, que consideraba el deseo como una falta imperdonable, eran más abrumadores que la violencia a la que se estaba enfrentando.

La joven, en la muerte, sigue dentro de la narración en un medio diáfano y translúcido, donde Janet es agua, viento, espacio, tiempo, cubo, fiebre, ola, alga, corcho, medusa o vidrio.

Ante el primer rudimento de un recuerdo, la joven revive el momento de la violación y acepta que no tenía que haber sido así, "y al borde de lo imposible el recuerdo se detenía, una carrera en espiral acelerándose hasta la náusea la arrancaba del cubo para hundirla en la ola o en fiebre, o lo contrario, la aglutinante lentitud de reptar una vez más sin otra cosa que eso, que ser en reptación, como ser en ola o vidrio era de nuevo solamente eso hasta otro cambio" (12). Janet fluye de un medio a otro como en un anillo de Moebius.

La joven repta, nada y se encuentra nuevamente en el hangar y desea a Robert: "no fue el horror sino el deseo lo que la esperaba al otro lado del término con imágenes y palabras en el estado cubo, con el goce de su cuerpo en el ser en olas... deseó a Robert, deseó otra vez el hangar de otra manera, deseó a Robert que la había llevado a lo que era ahí y ahora... lo llamó para que consumara de verdad y en el goce la torpe consumación en la paja maloliente del hangar" (13).

Robert es condenado a muerte y antes de ser ejecutado, Janet aparece en la celda y su deseo, "un tigre de espuma translúcida que cambiaba de forma tendía blandas garras de humo hacia la ventanilla enrejada" (14), clama por Robert, que con un tirón provoca su muerte en la celda. Finalmente, el deseo Janet se ve reflejado en el deseo de Robert: "en el líquido donde las primeras brazadas eran Janet, entera sintiéndose y sabiéndose Janet, pero allí alguna vez Robert, allí seguramente alguna vez al término del tibio balanceo en olas cristales una mano alcanzaría la mano de Janet, sería al fin la mano de Robert" (15).

En esta historia podemos observar elementos del budismo que Julio Cortázar estudiaba con interés. Con algunos de sus postulados, el autor arma varios de sus cuentos: "Anillo de Moebius", "Las puertas del cielo", "Una flor amarilla".

En el budismo, el *yo* está constituido por una combinación de fuerzas o energías psico-físicas en perpetuo cambio, sin ninguna identidad sustancial, representado en el cuento por la multitud de estadíos por los que pasa Janet. No existe la idea de un espíritu permanente o inmutable, y la conciencia, para existir, depende de la materia, la sensación, la percepción y las formaciones mentales. El *yo* es un nombre que se utiliza para designar la combinación de estos elementos que en forma conjunta integran el "ser".

Otro postulado del budismo es la aceptación de la transmigración del alma individual, proceso que se conoce como samsara. Este proceso cíclico implica una continuidad de la existencia que supone una serie indefinida de cambios de estado del ser, donde un individuo al morir puede renacer nuevamente en otro obedeciendo la ley del *karma*. Esta ley de causa-efecto asume que los actos de cada hombre son evaluados, de tal manera que, de acuerdo con su proceder, puede ser premiado o castigado a lo largo de una serie de vidas. De esta manera, el ciclo de transmigración se convierte en un ciclo moral, base ética del hinduismo y el budismo, que permite explicar el destino de los hombres y la diversidad de éste. Para el budismo, la sed de existir no cesa con la muerte, sino que continúa manifestándose y da origen a una nueva existencia denominada renacimiento. Así, la vida es un constante fluir, "la muerte perturba este patrón pero no suspende la corriente, el samsara, donde vuelve a ocurrir el proceso una y otra vez: nacimiento, pensamiento, muerte, como un enmarañado ovillo de hilo" (16).

El objetivo supremo del budismo no es escapar solo uno mismo del ciclo de las reencarnaciones, que sería una aspiración egoísta, sino ayudar a los demás a alcanzar esta liberación, llamada Nirvana (17).

Para Buda existen "Cuatro nobles verdades" que son: la verdad de que la existencia es sufrimiento (dukkha), la verdad de que hay una causa de ese sufrimiento, la verdad de que el sufrimiento puede extinguirse y la verdad del camino que conduce a la extinción del sufrimiento. Por lo tanto, para el budismo, la existencia es dukkha, dolor, cuya causa es el deseo. Eliminando el deseo podrá eliminarse el sufrimiento.

Una diferencia importante entre la visión occidental, cientificista, y la oriental, zen, consiste en que en este último, el mundo real no se ve desde fuera como si fuera ajeno; en el zen se penetra en el objeto y se le ve desde adentro: "conocer la flor es convertirse en flor, ser la flor, florecer como la flor, y gozar de la luz del sol y de la lluvia... la flor me habla y conozco todos sus secretos, todas sus alegrías, todos sus sufrimientos; es decir, toda su vida vibrando dentro de sí misma. No sólo eso: al lado de mi 'conocimiento' de la flor conozco todos los secretos del universo, lo que incluye todos los secretos de mi propio Yo" (18). Para Suzuki, la manera científica de ver la vida, asesina al objeto, lo mata y lo disecciona para después tratar de unir las partes y reproducir el cuerpo vivo original.

Como podemos ver, muchos de estos elementos del zen están plasmados en algunos cuentos de Julio Cortázar, provocando la sensación de lo fantástico, ya que se transgreden las leyes de la física al plantear la existencia de niveles de existencia ajenos a la percepción occidental del mundo.

Con la frase: "Parece broma pero somos inmortales" (19), Cortázar inicia el relato "Una flor amarilla", donde el narrador encuentra en Luc, un niño de trece años que viaja en el autobús, la repetición de su propia vida. A su vez, otro hombre repetiría la figura de Luc en la tierra, ya que todo, de acuerdo con el personaje, forma parte de una rueda, la rueda de la vida que une las almas en una sucesión infinita. Sin embargo, en esta historia el autor rectifica al final, a la vista de la flor amarilla del título y acepta la muerte como el punto final del camino: "De pronto comprendí la nada, eso que había creído la paz, el término de la cadena. Yo me iba a morir y Luc ya estaba muerto, no habría nunca más una flor para alguien como nosotros, no habría nada, no habría absolutamente nada, y la nada era eso, que no hubiera nunca más una flor" (20). Lo único que parece mantenerse a lo largo del tiempo, en una secuencia interminable, es el fracaso. Pensando en la flor y en Luc, subiendo y bajando de autobuses, el personaje narrador acepta la vida sin sentido como un destino que se repetirá siempre: "… buscando entre los pasajeros a alguien que se pareciera a Luc, a alguien que se pareciera a mí o a Luc… y luego dejarlo irse sin decirle nada, casi protegiéndolo para que siguiera por su pobre vida estúpida, su imbécil vida fracasada hacia otra imbécil vida fracasada hacia otra imbécil vida fracasada hacia otra… " (21). El fracaso, la desilusión, la falta de motivación es la esencia que comunica una vida con otra, es lo que mantiene girando la rueda de la vida.

El tema de los mundos comunicantes se sugiere también en "Las puertas del cielo", donde Mauro busca en el Santa Fe Palace (lugar de reunión de los "monstruos", gente de clase baja) a su amante muerta, Celina. El encuentro se da, de lejos, cubierto por humo y música: "Pero entonces fue más bien saber sin comprender, Celina ahí sin estar… Celina seguía siempre ahí, bebiendo el tango con toda la cara… Me quedó inteligencia para medir la devastación de su felicidad, su cara arrobada y estúpida en el paraíso al fin logrado… Nada la ataba ahora en su cielo sólo de ella, se daba con toda la piel a la dicha y entraba otra vez en el orden donde Mauro no podía seguirla. Era su duro cielo conquistado, su tango vuelto a tocar para ella sola" (22). Al final del relato, esa puerta del cielo por donde Mauro podrá acceder a Celina muerta, se cierra para él. La vida y la muerte, en esta historia, tienen sus fronteras que limitan el acceso de un estado al otro, en contraste con "Anillo de Moebius", donde la vida y la muerte se comunican, de tal manera que los muertos pueden acercarse y darles la mano a los vivos, para llevárselos a otro nivel de vida dentro de la muerte. El deseo es el vínculo que mueve a Janet muerta a buscar en la celda a Robert, objeto de su deseo, para rescatarlo de la vida y seguir fluyendo juntos por distintos estados metafísicos.

Esta propuesta de mundos comunicantes está basada en los planteamientos del budismo zen y es una forma como Cortázar aborda lo fantástico: "Desafía la lógica, las categorías establecidas de tiempo y espacio, las construcciones racionales tan apreciadas por el optimismo filosófico y científico del siglo XVIII. Suprime las fronteras entre lo consciente y lo no consciente y crea otra realidad" (23).

En "Anillo de Moebius", Julio Cortázar muestra una visión muy machista de las relaciones físicas entre un hombre y una mujer. Janet es violada, y este hecho despierta en ella, de manera masoquista, el deseo por el violador. Para el autor, la mujer accede al deseo gracias a un acto de barbarie y viaja por los caminos de la muerte para encontrarse con su asesino. Ella no sólo lo perdona, también lo busca, desde el más allá, para consumar su deseo.

Como hemos visto en varios cuentos de este autor, la mujer siempre se niega, en un principio al deseo del hombre, para entregarse enseguida. Si ella accede se convierte en una mujer fácil que no merece respeto. Por otro lado, en esta y otras historias, la negativa de la mujer a aceptar los avances sexuales de los hombres es considerada como un producto de la educación rígida y represiva de la sexualidad que impone esta sociedad de doble moral, no como un acto de libertad. Esta negativa de la mujer a aceptar sin reparos su libido, casi justifica, en algunos cuentos de Cortázar, que el hombre la agreda sexualmente. Finalmente, los personajes logran la realización del deseo y Janet, en esta historia, parece que queda agradecida. La relación sadomasoquista en la pareja, Eros y Tánatos, como podemos ver, es una constante en la narrativa del escritor, y en este cuento llega a su máxima expresión.

Para Alicia Helda Puleo: "...donde la apología de la violación alcanza su punto máximo es en 'Anillo de Moebius'. La extraordinaria belleza formal de este texto nos invita a olvidar su contenido, que podemos resumir en los siguientes puntos: a) el violador es una víctima de la sociedad que lo castiga; b) la sociedad no comprende que el alma de la muchacha asesinada agradece desde el más allá el haber sido despertada al deseo sexual; c) el deseo sexual de la joven muerta es una corriente que atraviesa los entes y se abre camino dificultosamente a través de la materia inconsciente para volver a encontrar a su bienhechor" (24).

La sociedad establece a través del discurso y las acciones una concepción del mundo en la que la relación hombre/mujer está dada por una relación de dominación/subordinación en la que la mujer acepta como válida su sumisión ante el hombre. La violencia contra ella está asociada a la aceptación social de inferioridad de la mujer con respecto al varón. Así, socialmente es aceptable tratar a la mujer como un objeto y Cortázar parece avalar esta ideología en los cuentos que estamos analizando en este capítulo.

En "El río" la violación de la mujer corre por cuenta de su marido, que narra la historia utilizando múltiples adjetivos que humillan y muestran el desprecio que siente por su esposa. Indiferente ante los arrebatos de histeria de su mujer, el personaje se dirige a ella mientras narra con desapego su muerte en el río. "Hace tanto que no te escucho" (25), le informa y nos participa también a nosotros, los lectores, de su relación fría, distante y llena de rencores.

La insatisfacción es el eje de su vida en común: "uno se pregunta si realmente crees en tus amenazas, tus chantajes repugnantes, tus inagotables escenas patéticas untadas de lágrimas y adjetivos y recuentos" (26). El hombre ve en su pareja el estereotipo de mujer chantajista, quejumbrosa, continuamente enojada, proclive a la tragedia. "Me das risa, pobre", puntualiza el narrador.

El hombre, siempre hostil, no responde a las quejas de su mujer que vive con un cansancio amargo; simplemente la oye lamentarse y se evade en su silencio para dormirse arrullado por las imprecaciones que ella profiere. En sus sueños, afirma, a nadie se le ocurre ahogarse en el río. Sin embargo, a continuación le reprocha no ser capaz de cumplir con sus amenazas: "… me pregunto qué estás haciendo en esta cama que habías decidido abandonar por la otra más vasta y más huyente" (27).

La presencia del cuerpo de su mujer en la cama, su cercanía, el contorno de su figura, su hermosura, despierta su deseo. Confundido entre el sueño y la vigilia, admitiendo que su mujer está a su lado, y que hace un momento se había ido, los dedos del narrador se desplazan por el cuerpo de su pareja, convirtiendo el acto sexual, al igual que en el cuento anterior, en un acto de violencia y dominio: "mis brazos te han enlazado, oigo una queja mientras arqueas tu cintura negándote, pero los dos conocemos demasiado ese juego para creer en él, es preciso que me abandones tu boca que jadea palabras sueltas,… de nada sirve que tu cuerpo amodorrado y vencido luche por evadirse… pero te obstinas en luchar encogiéndote… Tengo que dominarte lentamente (y eso lo sabes, lo he hecho siempre con una gracia ceremonial), sin hacerte daño voy doblando los juncos de tus brazos, me ciño a tu placer de manos crispadas, de ojos enormemente abiertos…" (28).

En el límite del sueño y la realidad, el narrador nos relata una situación incierta, donde la mujer está en la cama a su lado y está en el río, muerta. La violación se yuxtapone a la visión de la esposa en el río, entre burbujas de agua, mientras le acaricia el pelo entre las sábanas, viendo cómo su mano chorrea. Presente, pasado y tal vez futuro, sueño y realidad se mezclan en esta historia creando lo fantástico.

La mujer termina desnuda boca arriba sobre las piedras del muelle. La rescataron demasiado tarde, "naturalmente", nos informa el narrador que no muestra en ningún momento interés por su esposa, excepto en el acto sexual, ni remordimientos por su muerte.

La imagen de la mujer en el río, como ya dijimos, se mezcla con la imagen de la mujer en la cama y son los ojos abiertos los que se encuentran en ambos lugares al mismo tiempo, creando una sensación de ambigüedad, de delirio: "pero entonces no te has ido cuando te fuiste en algún momento de la noche antes de que yo me perdiera en el sueño, porque te habías ido..." (29).

Para José Ortega, "la ambigüedad resulta en 'El río' de la ruptura de las relaciones normales entre dos discursos (pasado/presente, actual/virtual, interno/externo) íntimamente unidos..., provocando la dialéctica de lo incierto, pues resulta difícil precisar si la realidad fáctica ha sido impregnada por el sueño o éste por aquella. La intensa contaminación entre el personaje y su otredad interiorizada conduce al conflictivo juego erótico en que los cuerpos parecen estar combatiendo una mutua enajenación" (30). En esta historia de sometimiento y muerte, lo imaginario se mezcla con lo real y el sueño con lo cotidiano.

La muerte está presente a lo largo de toda la historia, desde el primer párrafo: "Y sí, parece que es así, que te has ido diciendo no sé qué cosa, que te ibas a tirar al Sena, algo por el estilo" (31). Como un destino, la muerte triunfa en el relato. Nada se hace para detener el suicidio de la mujer, de hecho todos sabemos, el narrador y los lectores, que éste se llevará a cabo y es la violación la que posibilita que se dé este final previamente anunciado.

Para Wilhelm Reich, las manifestaciones psíquicas susceptibles de ser interpretadas como instinto de muerte son producto de la neurosis. Reich considera que el suicidio es "o una venganza inconsciente contra otra persona con la cual el paciente se identificaba, o una manera de escapar a la presión de situaciones vitales demasiado complicadas" (32). En "El río", lo que empuja a la mujer al suicidio es su carácter masoquista, que no le permite ver otro camino para solucionar su vida llena de insatisfacciones que la muerte, hecho que a su vez puede ser interpretado como una venganza contra su marido. La vida de ella tiene sentido en función de él; la mujer no se asume como ser independiente. Si su matrimonio falla, su vida ya no tiene sentido. Su imagen yaciendo al lado del hombre al que odia y la odia, o tirada en el muelle, es una imagen de sometimiento y pasividad.

Para Reich, si se priva de gratificación al instinto sexual, surge entonces la necesidad de obtenerla por cualquier medio. El tono agresivo empieza a borrar el tono amoroso y la agresión, que es un medio para lograr un fin, se convierte en una forma de comportamiento. "La agresión así, se convierte en placentera de por sí. De esta manera surge el sadismo. La pérdida del verdadero objetivo amoroso produce odio. De esta manera, la agresividad adquiere las características de una destructividad con fines sexuales" (33).

En estos cuentos de Julio Cortázar se presentan relaciones sadomasoquistas. De acuerdo con Freud, la finalidad del sadismo es la humillación, el domino y la necesidad de causar dolor. Estos componentes aparecen en muchas de estas historias: "...y ahora va a ocurrir, va a juntar las manos y suplicar, una flor de delicia que se abre mientras ella implora, debatiéndose y llorando entre sus brazos, una flor húmeda que se abre, el placer de sentirla debatirse en vano..." (34). En este párrafo de "Las armas secretas", otra historia más de violación y muerte, se condensa de manera literaria lo que Freud define como sadismo.

La violencia como parte del acto sexual se repite en "La barca o Nueva visita a Venecia". Valentina es violada en Venecia por un gondolero. Después de un leve esfuerzo por resistirse, la mujer cierra los ojos y se entrega al acto con sumisión: "Una vaharada de sudor la envolvió un segundo ante de que los brazos de Dino la apretaran brutalmente. Cerró los ojos, resistiéndose apenas. De haber podido lo hubiera matado en el acto, golpeándolo hasta hundirle la cara, deshacerle la boca que la besaba en la garganta mientras una mano corría por su cuerpo contraído. Trató de soltarse, y cayó bruscamente hacia atrás, en la sombra de una cama. Dino se dejó resbalar sobre ella, trabándole las piernas, besándola en plena boca con los labios húmedos de vino. Valentina volvió a cerrar los ojos. 'Si por lo menos se hubiera bañado', pensó, dejando de resistir. Dino la mantuvo todavía un momento prisionera, como asombrado de ese abandono" (35). Más adelante, el narrador expresa: "La había poseído como un animal, una y otra vez, exigiéndole torpezas que no hubieran sido tales si él hubiera tenido el mínimo de gentileza. Y Valentina no lo lamentaba" (36). Como vemos aquí, el lenguaje utilizado para describir la actitud del hombre en el acto sexual, como en los cuentos anteriores, tiene que ver con la agresión y la lucha: la apretó brutalmente, la mantuvo prisionera, le trabó las piernas, la poseyó como un animal. A pesar de un trato tan humillante y hostil, al día siguiente la mujer acepta nuevamente ir a la casa de Dino, acto similar al de Janet que va en busca de Robert en "Anillo de Moebius".

Cortázar olvida que "la violencia sexual es el extremo de una práctica social que subordina, somete y devalúa a las mujeres. Una violación es la afrenta más dolorosa, no sólo por el daño físico en sí mismo, sino por las secuelas psicológicas que provoca" (37), y que difícilmente una mujer violada puede sentirse agradecida.

En "Verano", la incomunicación de la pareja es "la causa del horror, que se concreta en la ambigua figura, real y a la vez imaginaria, cotidiana y también siniestra, de un caballo blanco" (38). El deseo está representado por este animal que aparece de noche, cuando Zulma y Mariano acceden a cuidar a la hija pequeña de los vecinos. Ya de noche se escuchan bufidos, relinchos, los cascos del caballo que galopa en el jardín: "Las crines, los belfos como sangrantes, una enorme cabeza blanca rozaba el ventanal, el caballo los miró apenas, la mancha blanca se borró hacia la derecha, oyeron otra vez los cascos, un brusco silencio del lado de la escalera de piedra, el relincho, la carrera. Pero no hay caballos por aquí..." (39). Después, el relincho irritado del caballo suena bajando por la escalera de la casa, para nuevamente escucharlo en el jardín, y de golpe el silencio. Se supone que es la niña, un ser puro, la que le ha abierto la puerta.

Esta historia transcurre en un mundo coherente, perfectamente realista. Aún la presencia del animal, en una casa de campo, puede considerarse posible. Sin embargo, la aparición de éste, que puede ser normal en cualquier otro contexto, aquí, rompe con el desarrollo de la historia para convertirse en el elemento fantástico. Su forma de moverse por la casa, su furia contenida, su ímpetu, su agresividad, son el reflejo de los deseos reprimidos de Mariano, de sus pulsiones, de su inconsciente.

El animal irrumpe en una casa de campo donde la pareja, Zulma y Mariano, un matrimonio sin amor, sin pasión, sin relaciones sexuales, lleva una vida anodina. Esta presencia extraña destapa el deseo y la agresividad del hombre que se pregunta "si no haría mejor en cachetearla, traerla a la fuerza hasta la cama, dominar por fin tanta lejanía petrificada" (40). Mariano termina violando a su mujer: "Atrapó las manos de Zulma que buscaban rechazarlo, la empujó de espaldas contra la cama, cayeron juntos, Zulma sollozando y suplicando, imposibilitada de moverse bajo el peso de un cuerpo que la ceñía cada vez más, que la plegaba a una voluntad murmurada boca a boca, rabiosamente, entre lágrimas y obscenidades. No quiero, no quiero, no quiero nunca más, no quiero, pero ya demasiado tarde, su fuerza y su orgullo cediendo a ese peso arrasador que la devolvía al pasado imposible... Zulma había tenido razón, la nena había abierto la puerta pero el caballo no había entrado en la casa. A menos que sí..." (41).

El caballo es una metáfora del deseo agresivo, es la imagen de lo siniestro que se hace presente, como el tigre de "Bestiario". Cortázar nos sugiere que su presencia dirige los actos de Mariano. No queda claro si el animal entró o no en la casa, lo único que presenciamos es la violación de Zulma. El horror obligará a la pareja a "enfrentarse con su extrañamiento y a sentir el amor como carencia. Cuando la opaca normalidad reaparezca, el hombre y la mujer volverán a quedar solos y otra vez sin palabras." (42).

Después de consumado el acto sexual el animal desaparece y la vida sigue su cauce normal, la pareja acepta el tedio, la soledad y la incomunicación como forma de vida.

En esta historia, lo fantástico se da por la inclusión, en un ambiente cotidiano, de un elemento cotidiano que se mueve de manera extraña, ajeno a su propio carácter, y que convierte su forma de actuar en un absurdo. La falta de explicaciones sobre esta anomalía crea el misterio. El "silencio sobre la motivación resulta tanto más perceptible cuanto más regular, diurno, cotidiano es el mundo en el que se ejerce" (43), y este silencio es la base del relato, donde el narrador nos impide saber si el invasor ha actuado o no.

Cortázar nos dice: "(el) cuento transcurre en mi casita de Saignon donde paso el verano. Y de alguna manera se trata de un cuento neurótico. Es el producto de un mal momento de mi vida, y ese caballo que pugna por entrar a la casa condensa mis propios fantasmas" (44).

Lo fantástico reside, por tanto, en el lenguaje, de acuerdo con Noé Jitrik. La palabra puede favorecer un cambio de plano, proponer una nueva dimensión ajena a la dimensión real. La palabra crea ese mundo extraño a partir de los actos y situaciones que se narran. En "Bestiario" es la presencia de un tigre la que nos alarma, en "Verano" el caballo es el encargado de crear el misterio. En ambas historias los animales son posibilidades reales que dentro de la narración adquieren características inquietantes y muchas veces terroríficas. Así, podemos considerar que "de la misma manera en que no hay un objeto exclusivamente fantástico, parece ser que tampoco existe uno que no pueda serlo." (45).

El caballo invasor puede provocarnos ansiedad, ya que representa "el fulgor de lo incognoscible y enemigo" (46). El mundo uniforme de "Verano" se desgarra por esta presencia perfectamente normal. La tensión fantástica del cuento depende de la figura del caballo.

Curiosamente, tanto en "Verano" como en "El río", cuentos en donde se narra la violación de la esposa por su marido, las mujeres no despiertan al deseo, como ocurre en "Anillo de Moebius" y en "La barca".

Para Wilhelm Reich, los individuos capaces de satisfacción genital no muestran rasgos caracterológicos sádicos, en contraste con aquellos que no logran su gratificación sexual habitual. Este es el caso de Mariano, en el cuento "Verano", donde el personaje necesita emplear la violencia para satisfacer sus pulsiones. Según este autor, la destructividad sádica generalizada de nuestra época es el resultado de la inhibición de la vida amorosa natural. Para él, la potencia orgásmica y los impulsos destructivos o sádicos son incompatibles. Es la energía genital frustrada la que se transforma en energía destructiva. Todos estos "instintos de muerte" fueron agrupados por Reich en un rubro al que denominó "odio", donde incluyó el sadismo, la agresividad y la destructividad, relacionados con la insatisfacción y la frustración sexual.

Según Michel Foucault, "las relaciones sexuales y las relaciones sociales son aprehendidas por medio de los mismos esquemas de pensamiento" (47). De la misma manera que los medios de comunicación manipulan al individuo para que éste acepte los valores y la forma de vida que el poder desea establecer, así nos ofrecen imágenes repetitivas de lo que debe ser el rol masculino y el femenino. A pesar de las ideas de liberación sexual que se han venido dando desde el siglo pasado, la televisión y el cine reproducen estereotipos para el consumo masculino, donde éste se asume como un ser agresivo, machista, displicente, dominante hasta el sadismo. Estas escenas que se presentan continuamente fomentan la agresividad contra la mujer. Ella, de acuerdo con el estereotipo, debe aceptar el sometimiento y la violencia por parte del hombre como algo ineludible. Así, el hombre atractivo es aquel que se impone, somete y muchas veces inflige dolor. La felicidad está en asumir como deseable este tipo de rol impuesto, donde el final feliz estará dado, por la aceptación de estas reglas por parte de la pareja. De esta manera, de acuerdo con Wilhelm Reich, en La función del orgasmo, no es raro encontrar en la práctica psicoanalítica la identificación de los hombres con el carácter sádico y de las mujeres con el masoquista.

"La gratificación instintiva es felicidad, también puede convertirse en la fuente de graves sufrimientos si el mundo externo niega gratificación" (48), dice Reich. La educación como está establecida trata de influir sobre el individuo frustrado, sobre sus pulsiones, y no sobre la sociedad frustradora. De esta manera, se trata de ignorar las necesidades biológicas del hombre y adaptarlo a la frustración. Para lograrlo, el individuo es educado, desde edades tempranas, en la represión de su sexualidad, logrando así, formar individuos dóciles al sistema. Así, para Reich, "la función de la supresión de la sexualidad infantil y adolescente es facilitar a los padres la sumisión de los niños a su autoridad" (49). No sería posible restringir los deseos sexuales de los adultos, si no se hubiera preparado el terreno desde la infancia. De esta manera, reprimiendo las pulsiones, el individuo, producto de una sociedad enferma, ve limitada su capacidad de amar, dando como resultado el caos sexual. "Durante miles de años ese caos ha tenido como función el sometimiento de las personas a las condiciones sociales existentes, en otras palabras, internalizar la mecanización externa de la vida. Sirve el propósito de obtener el anclaje psíquico de una civilización mecanicista y autoritaria, haciendo perder a los individuos la confianza en sí mismos" (50). Algunos individuos, incapaces de mantener una relación de pareja sana, buscan la realización de sus deseos en actividades sexuales que podemos catalogar como perversiones, entre las que se encuentra el sadomasoquismo.

Julio Cortázar acepta que cultiva un "estilo peludo" (Último round), al igual que muchos escritores latinoamericanos de la época, al abordar la literatura erótica donde enfoca el sexo desde una perspectiva siniestra, en la que la muerte, el sadomasoquismo y "lo negro" están presentes. Podemos pensar que esta forma de abordar el sexo está definida por el tipo de educación represiva, machista, que se imponía en los albores del siglo XX, en Argentina al igual que en el resto de América Latina.

El escritor, de acuerdo con Freud, en su material de ficción pone en escena su deseo, su inconsciente, que está ligado con lo prohibido. Por lo tanto, el autor representa artísticamente temas relacionados con la sexualidad en un escenario imaginario, su material de ficción, que como los sueños tienen como fin la realización del deseo. Si revisamos con atención los cuentos analizados en este capítulo, que están relacionados con el sexo y la violencia, constatamos que se trata básicamente, en todos ellos, de la misma historia que se repite con algunas variantes. Podemos conjeturar que Cortázar debe haberse sentido identificado, como muchos hombres de su época, con estos personajes masculinos, si no de manera consciente, de manera inconsciente.

En estos cuentos, el carácter masculino está definido por una actitud activa, agresiva, sádica y el carácter femenino, por lo contrario, una actitud pasiva, sumisa, masoquista. Para Reich, las mujeres de carácter masoquista tienen relaciones sexuales con la fantasía de ser seducidas o violadas. El hombre debe forzarlas a hacer "lo que desean angustiosamente". Muestran así el "profundo deseo de alcanzar la gratificación, contra su propia voluntad." (51). De esta manera, logran la realización de su deseo y evitan los sentimientos de culpa, resultado de la educación de una sociedad represora. Éste sería el caso de todas las mujeres que aparecen en los cuentos reseñados en este capítulo. Todas en el fondo desean entregarse al placer sexual, pero su *superyó* y sus sentimientos de culpa se lo impiden; todas luchan por evitar el contacto sexual y acceden finalmente a él. Algunas, como Janet y Valentina, después de ser violadas vuelven por más.

Para Wilhem Reich, el masoquista logra colocar a su compañero sádico, en una situación desfavorable ya que lo hace conducirse con crueldad. "El masoquismo es la expresión de una tensión sexual que no puede ser descargada. Su causa inmediata es la angustia de placer, es decir, el temor a la descarga orgásmica" (52).

En contraste, Freud considera el masoquismo como un retorno del sadismo contra el propio *yo*, donde el instinto de muerte, instinto de destrucción unido al erotismo, está dirigido hacia adentro. El masoquista goza de manera activa la agresión a su propia persona.

Los personajes masculinos de "Anillo de Moebius", "El río", "La barca", "Verano", consideran a la mujer un objeto de uso y son incapaces de aceptar su autodeterminación en las relaciones sexuales. Si el hombre la desea, ella debe acceder de buen grado o se expone a que el hombre tome con violencia lo que ella le niega. La imposición sádica por parte del hombre aumenta la posibilidad de goce para él y, aparentemente, en algunos casos, también para ella. Estos personajes están convencidos, al igual que Nietzsche, que "sin crueldad no hay goce posible".

7. EL DESEO PERVERSO
"Las babas del diablo", "La escuela de noche"

> El hombre no sólo ha de interpretar al mundo, sino también cambiarlo. Ciertamente, la interpretación sin la intención de cambio es estéril; el cambio sin interpretación es ciego.
>
> Karl Marx (1)

En "La escuela de noche" y "Las babas del diablo" el deseo está relacionado con la corrupción, la pederastia, la homosexualidad y el Mal. Esta orientación del deseo hacia formas que son una transgresión a las reglas establecidas, nos hace plantearnos las siguientes preguntas: ¿Qué nos empuja hacia formas de satisfacción prohibidas por la comunidad? ¿Por qué necesitamos transgredir las reglas que la cultura ha impuesto?

La naturaleza contradictoria del hombre ha demostrado, a lo largo de la historia, que el hombre es un ser capaz de darse reglas y a la vez transgredirlas y el estímulo fundamental para transgredir es la existencia de lo prohibido. Si el hombre tuviera la libertad absoluta de hacer todo lo que deseara no existiría la necesidad de ir en contra de las normas. La religión, con sus prohibiciones e idea de pecado, funciona en cierto sentido como una provocación, como una invitación a ir más allá del límite impuesto. Gracias a la prohibición, la necesidad de transgredir se vuelve no sólo apremiante, sino veladamente aceptada dando origen a la doble moral que funciona en la sociedad.

La religión establece un vínculo entre la transgresión y la maldad. Dentro de la experiencia religiosa se encuentra el significado del pecado que es consecuencia de la desobediencia de los mandamientos religiosos. Esta transgresión de las reglas impuestas produce, a su vez, un sentimiento de culpa en el individuo, que se asume como pecador. La experiencia del mal y el dolor resultante son, en el acto de la transgresión misma, validaciones de las leyes divinas para el creyente. Mientras subsiste el sentimiento de pecado, las creencias religiosas se mantendrán en pie y este "sentimiento de pecado sigue siendo una muralla sólida contra toda transgresión, que no se mide sino por el acto mismo de violación, pues la negación por el yo de la ley espiritual que constituye su ser equivaldría a la negación de su propio ser" (2). Estas suposiciones de carácter dogmático pierden toda credibilidad frente al individuo crítico que cuestiona y razona los principios religiosos.

Para Bataille, "la religiosidad primitiva extrajo de las prohibiciones el espíritu de transgresión. Pero, en su conjunto, la religiosidad cristiana se opuso al espíritu de la transgresión" (3). Esta última supera y completa lo prohibido, sujetándose a reglas al igual que la misma prohibición. De esta manera, la transgresión organizada forma con lo prohibido un conjunto que define la vida social, donde la prohibición lucha por imponerse con firmeza. En la transgresión existe un especial cuidado en seguir las reglas impuestas por ella misma y en establecer límites, ya que la transgresión ilimitada, donde los impulsos se desbordan, es difícil de contener.

El mundo profano es el de las prohibiciones, según Bataille, y lo sagrado se abre a las transgresiones limitadas durante la fiesta, durante el culto a los dioses, que encarnan lo sagrado y hacen temblar a quienes lo veneran. Así, la prohibición rechaza la transgresión y la fascinación la atrae. En tiempos de fiesta lo prohibido es permitido, a veces hasta exigido; los valores son puestos de lado y la naturaleza humana se muestra como es; después vendrá el arrepentimiento. De esta manera, la religión regula la transgresión de las prohibiciones.

La necesidad de escapar al poder de la prohibición está ligada estrechamente con la necesidad de regresar a la estabilidad, a los límites aceptados socialmente, de manera que el juego pueda continuar. El desbordamiento asume que las aguas volverán siempre al caudal del cual salieron. Existen reglas intangibles que organizan y limitan la transgresión.

De acuerdo con lo anterior, podemos considerar que, en el cristianismo, la muerte en la cruz que limpia de todo pecado a los hombres, necesita de la transgresión continua de las reglas para que este sacrificio tenga sentido a lo largo de las generaciones.

"El Mal", lo verdaderamente maligno, es aquello que opera en contra del hombre, en el plano individual y colectivo, afectando los principios de la racionalidad humana. Dicha acción "mala", que lleva al hombre a su destrucción, a la muerte, busca "el Mal" como fin último. Este "Mal" está ligado, de acuerdo con Freud, al instinto de muerte que actúa silenciosamente en lo íntimo del hombre buscando su desintegración. Una parte de este instinto se orienta en contra del mundo exterior, manifestándose como un impulso de agresión y destrucción. El sadismo es una manifestación clara de esta pulsión.

La transgresión que lleva al hombre a fundar una no-humanidad, una humanidad cuyas reglas no tendrían otro propósito que el de convertir al hombre en un ser pasivo, una máquina controlable que pueda ser utilizada para fines ajenos a su integridad física y emocional mediante el uso de la violencia y la dominación es un tipo de transgresión que Rosenfield vincula con la existencia del "Mal". Para este autor, el acto malo es el que nace del abandono de la libertad. "El actuar humano que no consigue realizar la libertad se caracteriza por una voluntad que falla, que no cumple aquello a lo que está consagrada. En el momento en el que el acto de transgresión de la ley introduce una servidumbre en la libertad, crea una posición propia, la de la malignidad" (4). Los actos que van en contra de la libertad, por tanto, serían una forma de "maldad", como se hace patente en "La escuela de noche", donde una comunidad fascista corrompe y somete a los jóvenes.

Asimismo, la sociedad tecnológica ha logrado convertir al hombre en un medio, en un objeto explotable. Esta sociedad representa, de acuerdo con el pensamiento de Rosenfield, a "la maldad". El hombre ha perdido, en cierto grado, su libertad y ha sido educado para obedecer a un amo impersonal que controla, no sólo el trabajo, también el ocio. El individuo puede acceder a comodidades a cambio de su tiempo, su conciencia, sus sueños.

Como sabemos, el hombre transgrede continuamente las dos principales traducciones del imperativo categórico de Kant: "Trata al prójimo como fin en sí mismo, jamás como medio" y "honra en todo hombre su humanidad" (5).

La forma como está estructurada la sociedad en que vivimos implica numerosas contradicciones. El hombre define como "el Mal" lo que desea fervientemente, necesita lo que debe rechazar para ser aceptado por la sociedad, imponiéndose un moralismo embustero. Sin embargo, la necesidad de eliminar el sufrimiento y el hastío empujan al hombre a romper las leyes y los códigos. Veladamente se acepta la transgresión, el único camino para poder lidiar con estos sentimientos encontrados. Sin embargo, la religión cristiana se opone al espíritu de transgresión, ya que considera que el placer y el erotismo están vinculados al mal.

"El Mal" es el pecado, es la transgresión condenada y en "Las babas del diablo" está representado por un hombre mayor que acecha a un adolescente y que es descrito por Cortázar de la siguiente manera:

"De lo que mejor me acuerdo es de la mueca que le ladeaba la boca, le cubría la cara de arrugas, algo cambiaba de lugar y forma porque la boca le temblaba y la mueca iba de un lado a otro de los labios como una cosa independiente y viva, ajena a la voluntad. Pero todo el resto era fijo, payaso enharinado u hombre sin sangre, con la piel apagada y seca, los ojos metidos en lo hondo y los agujero de la nariz negros y visibles, más negros que las cejas o el pelo o la corbata negra. Caminaba cautelosamente, como si el pavimento le lastimara los pies; le vi zapatos de charol, de suela tan delgada que debía acusar cada aspereza de la calle" (6).

Este "payaso enharinado", esta mueca viviente con agujeros negros en la nariz, es la personificación del Mal, del Demonio que, como Satanás en el desierto, tienta a su víctima, un adolescente inocente. Este individuo patético aparece en escena en el momento en que Roberto Michel, traductor franco-chileno y fotógrafo, toma una instantánea de una escena, donde una mujer mayor, en actitud seductora, conversa con un joven. Ella, otra representante del Mal, es el puente entre el muchacho y el hombre mayor, es la encargada de la seducción. Es el águila en busca de su presa, el fango verde donde enterrará la inocencia del niño: "Y lo que entonces había imaginado era mucho menos horrible que la realidad, esa mujer que no estaba ahí por ella misma, no acariciaba ni proponía ni alentaba para su placer, para llevarse al ángel despeinado y jugar con su terror y su gracia deseosa. El verdadero amo esperaba... No era el primero que mandaba a una mujer a la vanguardia, a traerle los prisioneros maniatados con flores (para hacerlos) despertar en el infierno" (7).

Lo narrado en esta historia, en todo momento, es producto de una interpretación: "tan pronto presentí lo que pasaba", "se podía adivinar sin mucho trabajo lo que acababa de ocurrir pocos minutos antes, a lo sumo media hora", "el muchacho acabaría por pretextar una cita y se alejaría tropezando... o bien se quedaría, fascinado o simplemente incapaz de tomar la iniciativa... Todo esto podía ocurrir pero aún no ocurría..." (8). El narrador toma la foto tratando de atrapar el gesto revelador, "la expresión que todo lo resume, la vida que el movimiento acompasa pero que una imagen rígida destruye al seccionar el tiempo" (9). En ese momento, el muchacho se echa a correr "perdiéndose como un hilo de la Virgen en el aire de la mañana. Pero los hilos de la Virgen se llaman también babas del diablo" (10). Entonces hace su aparición el "payaso enharinado", que se había mantenido en la sombra, encerrado en su coche leyendo un periódico, aparentemente ajeno a la historia. El hombre insiste en que Michel le entregue la foto.

Las referencias religiosas se repiten en la narración: los hilos de la virgen, las babas del diablo, el ángel despeinado, el infierno. La animación de la fotografía es descrita como "cosa de arte diabólica", la foto misma como "una buena acción". Finalmente, la huída del muchacho lo devolvía a "su paraíso precario". El narrador nos hace saber que "Michel es puritano a ratos, cree que no se debe corromper por la fuerza" (11). La lucha entre el Bien y el Mal, que aparece también en otros cuentos de Cortázar, se hace evidente. Julio Matas en "El contexto moral en algunos cuentos de Julio Cortázar" pone de manifiesto aspectos morales en la visión del universo de este autor y termina calificándolo de moralista.

Varios días después del encuentro con estos representantes del Mal, el personaje narrador revela la foto y hace varias ampliaciones. Para él, es evidente que el momento de tomar la fotografía había ayudado al muchacho a escapar a tiempo, esto en caso de que las teorías de Michel fueran exactas, lo que no estaba suficientemente probado. La ambigüedad aparece nuevamente en esta declaración. Con la foto ante sus ojos, los sucesos de la isla Saint Louise cobran vida nuevamente en la habitación de Roberto y él entra en la foto, regresa así a la escena, para salvar por segunda vez al joven.

Para Cortázar la neutralidad como artista no es posible, ya que "toda mirada supone una toma de conciencia, un enfoque o perspectiva impuesta por el objeto y el sujeto" (12). La acción de Michel tiene una intención moral como la obra literaria.

Ante la escena, Michel imagina la historia de corrupción que debió ocurrir entre la mujer y el muchacho, la seducción, la certeza de que el niño aceptaría, la propuesta de dinero o engaño. Entonces, desde un quinto piso donde se encuentra, Michel grita ante la foto y en este momento el joven vuelve a escapar: "Y me apoyé en la pared de mi cuarto y fui feliz porque el chico acababa de escaparse, lo vi corriendo otra vez en foco... Por segunda vez se les iba, por segunda vez yo lo ayudaba a escaparse, lo devolvía a su paraíso precario" (13).

Ese grito que profiere Michel ha sido interpretado por Emily Volek como el enfrentamiento del personaje con su trauma. "La historia narrada se derrumba sobre el narrador: las vueltas que éste da a la anécdota trivial de la seducción del muchacho, conjuran el fantasma de su propio trauma homosexual o de abuso sexual" (14). Para esta autora, el juego estético, la supuesta "locura del personaje" (ya que algunos autores como Seymour

Chatman reducen la actuación de Michel a una manifestación de esquizofrenia paranoica), son subvertidas por el descubrimiento que hace sobre sí mismo el personaje y que cae sobre él como una revelación.

Para Todorov, en el cuento fantástico encontramos dos modalidades:

Los "temas del yo", que presentan la existencia de seres y fuerzas sobrenaturales, la transformación del espacio, el juego con el tiempo, etc. "Las obras, ligadas a esta red temática, ponen de manifiesto su problemática, y en especial, la del sentido de la vista, hasta el punto que sería posible considerar todos estos temas como temas de la mirada" (15), y los "temas del tú", donde se incluye a la sexualidad: "se trata de la relación del hombre con su deseo y por eso mismo, con su inconsciente" (16).

La literatura fantástica ejemplifica diversas transformaciones del deseo, que pertenecen, no a lo sobrenatural, sino a lo "extraño social", como son el incesto, la homosexualidad, el amor de más de dos, las perversiones, la necrofilia, el sadismo, la crueldad y la muerte. Para el autor, en "los temas del tú", que denomina "los temas del discurso", el lenguaje es "la forma por excelencia y el agente estructurante de la relación del hombre con su prójimo" (17).

Al utilizar elementos fantásticos, el escritor tiene la posibilidad de escribir sobre temas que transgreden las reglas establecidas por la sociedad. Así, Cortázar nos propone la existencia de un ente del Mal que aparece como protagonista en "Las babas del diablo". Este ser ejemplifica la función que Todorov describe como los "temas del tú", la relación del hombre con su inconsciente.

Para Freud existen estímulos que provienen del mundo interior del propio organismo, que son una fuerza constante, que se dan como una necesidad y que la única forma de cancelarlos es por medio de la satisfacción. "Puesto que no ataca desde afuera, sino desde el interior del cuerpo, una huida de nada puede valer contra éstos" (18). A este estímulo constante, de naturaleza biológica, incoercible, situado en el interior, le da el nombre de pulsión, y en este relato está ligado a los deseos homosexuales y pedófilos.

Como ya dijimos, siempre que la represión consigue inhibir el desarrollo del afecto, éste sigue existiendo en el interior del sistema como una representación inconsciente. En palabras de Freud: "la pulsión reprimida nunca cesa de aspirar a su satisfacción plena. Todas las formaciones sustitutivas y reactivas y todas las sublimaciones son insuficientes para cancelar su tensión acuciante... El camino hacia la satisfacción plena, en general, es obstruido por las resistencias en virtud de las cuales las represiones se mantienen en pie" (19).

El cuento fantástico da un cauce al inconsciente y permite poner en palabras aquello que, expresado de otra manera, nos produciría una gran angustia.

Para Freud, el deseo inconsciente está ligado a signos infantiles indestructibles y está relacionado con el fantasma: "un escenario imaginario en que el sujeto está presente y que representa, de una manera más o menos deformada, la realización de un deseo" (20).

La función del fantasma consiste en poner en escena el deseo, donde lo prohibido está siempre presente en la posición misma del deseo. Entre los fantasmas tenemos los sueños diurnos, los ensueños, las ficciones que el individuo inventa de manera consciente. El fantasma de un escritor lo lleva a representar de manera artística su deseo. La creación literaria cae en el campo de los sueños diurnos cuyo proceso de integración es similar al de los sueños nocturnos.

Julio Cortázar imagina un ente, homosexual y corrupto, que concentra en sí la esencia de la maldad. Este sujeto, en "Las babas del diablo", aparece rodeado de un halo fantástico (se puede llegar a pensar que estamos frente al Demonio), que tiene el poder de desencadenar acciones fuera de lo normal, como el regreso al lugar de los hechos a través de una fotografía.

Debemos hacer notar que para este autor el Mal, como parte de los "temas del tú", relacionado con el inconsciente, está ligado fuertemente con la homosexualidad y probablemente el grito que emite Michel ante el hecho de la seducción homosexual del adolescente, no sólo es el enfrentamiento del fotógrafo con su trauma, también es el grito inconsciente de Cortázar ante su propio fantasma.

Los deseos prohibidos, guardados celosamente en el inconsciente, cuando afloran causan esta gran angustia. A través de los sueños diurnos, como ya dijimos, el deseo se proyecta en la obra de arte.

La idea de inconsciente fue introducida en la creación literaria a partir de Nerval y los románticos alemanes. A partir de entonces, muchos investigadores han reconocido la importancia de los sueños en la formación de mitos y fábulas. Riklin, citado por Freud en <u>La interpretación de los sueños</u>, ha demostrado que la realización de deseos y el simbolismo siguen, en las fábulas, las leyes que rigen la formación de los sueños, donde tendencias censurables aparecen deformadas y ocultas bajo disfraces simbólicos.

El mito representa una satisfacción disfrazada de los instintos brutales a los que debió renunciar el hombre; el cuento representa una advertencia y contiene una lección moral que el mito ignora. Si logramos desenmascarar estos disfraces y deformaciones, nos encontraremos con la realidad psíquica de las fantasías inconscientes que les dieron origen.

De acuerdo con Freud, la relación ambivalente con los padres, junto con el desarrollo sexual infantil, provoca el conflicto principal de la vida anímica del niño, que ha demostrado ser también el motivo de la formación de mitos.

Asimismo, los sueños que nunca han sido soñados, aquellos que el artista atribuye a los personajes de su obra, sueños diurnos que nos introducen en el mundo de la fantasía, están constituidos de la misma manera que los sueños nocturnos, donde se proyectan los deseos inconscientes, peticiones reprimidas de satisfacción de instintos. La parte consciente de la personalidad es la encargada de reprimir estos impulsos. Para Freud, la esencia de un sueño es la realización del deseo.

Todo sueño, al igual que la obra literaria, está constituido por dos contenidos:

El contenido manifiesto es aquello que se desarrolla ante nosotros, compuesto principalmente de imágenes (imágenes visuales en el sueño) y que presenta un argumento con una serie de situaciones que se relatan.

El contenido latente es aquello que permanece oculto y que intentamos revelar. Esta parte debe ser interpretada utilizando los elementos repetitivos que aparecen como preocupaciones constantes en la obra del autor. Estas ideas que se repiten nos llevarán a encontrar el sentido oculto que da fuerza y emotividad al relato, en otras palabras, el inconsciente del escritor.

El contenido manifiesto está dado como un jeroglífico para cuya solución es necesario traducir cada uno de sus signos al lenguaje de las ideas latentes, que nos resultan comprensibles en cuanto las descubrimos. Ambos contenidos representan dos versiones del mismo contenido, en dos idiomas distintos. El contenido manifiesto se nos aparece como una versión de las ideas latentes en una distinta forma expresiva cuyos signos y reglas de construcción hemos de aprehender por la comparación del original con la traducción (21).

Freud, a través del análisis de los sueños, descubrió las leyes que rigen los procesos inconscientes. Para este autor, los mecanismos implicados en la construcción del sueño, donde éste se forma como una narración son: la condensación, el desplazamiento, la dramatización, la elaboración secundaria, la inversión, la síntesis, la identificación, la formación mixta y los símbolos.

Los sueños pueden tener aspectos regresivos que permiten que las huellas de la memoria del inconsciente aparezcan. Así, el soñante puede verse representado en su primera infancia. Estos recuerdos reprimidos, que se encuentran censurados durante la vigilia, pueden aflorar al consciente durante el sueño.

Una parte importante de todo sueño es su contenido simbólico. Los símbolos, al igual que todos los mecanismos anteriores, producen un efecto de distorsión, son el disfraz que engaña a la censura para que el contenido latente no sea rechazado. Existen varios símbolos universales y otros personales, que el soñante elabora en su inconsciente y que sólo él tiene la llave para descifrar. Las distorsiones oníricas se deben a un compromiso entre las fuerzas inconscientes que buscan una descarga de energía y las fuerzas del *yo*, el censor del sueño, que trata de contrarrestar estas tensiones.

Freud considera que en todo sueño interviene siempre la propia persona del sujeto, sin excepción alguna, y asevera que los sueños son absolutamente egoístas.

Como ya dijimos, todos los sueños contienen deseos rechazados, vivencias reprimidas y son portadores de conflictos internos.

Freud utiliza, para la interpretación de los sueños la ley de causa y efecto, que asume que los sueños son el efecto y responden a las causas que se encuentran guardadas en el inconsciente. Lo mismo podemos decir de los sueños diurnos de donde salen los temas literarios. Utilizando las asociaciones libres como herramienta, interpretando los símbolos y hurgando en la memoria del soñante, los contenidos del sueño adquieren sentido. Por ilógico que parezca un sueño, siempre contiene un mensaje del inconsciente. De acuerdo con el Talmud, un sueño no interpretado es como una carta no leída.

Como podemos ver, todo el cuento "Las babas del diablo" es una interpretación relatada por un narrador que nos advierte que todo lo que se observa y nos revela la historia puede ser falso. "Ahora, pensándolo" (el acto de pensar ocurre en el momento presente de la narración), "la veo mucho mejor en ese primer momento en que le leí la cara" (hecho que ocurrió en el pasado. Es necesario notar que el personaje no le ve la cara a la mujer, se la lee, la interpreta a la distancia), "cuando comprendí vagamente lo que podía estar ocurriéndole al chico y me dije que valía la pena quedarse y mirar... Creo que sé mirar, si es que algo sé, y que todo mirar rezuma falsedad... De todas maneras, si de antemano se prevé la probable falsedad, mirar se vuelve posible; basta quizá elegir bien entre el mirar y lo mirado..." (22). Aquí nos encontramos con una contradicción: si se acepta la probable falsedad en el acto de mirar, para el narrador mirar, se vuelve posible. Por lo tanto, como fotógrafo y como escritor, Michel nos plantea la posibilidad de que todo lo que se narre o sea revelado en una fotografía sea falso ya que todo está sujeto a la interpretación.

Debemos aceptar que, tanto el Michel-narrador, como Michel-fotógrafo, únicamente podrán darnos una interpretación recortada de la realidad, un encuadre limitado que nos privará de la posibilidad de ver más allá, como ocurre en la foto que incluye al árbol y elimina al hombre del periódico, a pesar de ser éste crucial en la historia: "y me quedé al acecho,... seguro de que atraparía la vida que el movimiento acompasa pero que una imagen rígida destruye al seccionar el tiempo" (23).

Como buen fotógrafo, Michel nos describe las escenas fijando la lente en diferentes ángulos. Lo que al principio parece ser un detalle sin trascendencia que queda fuera del encuadre, "el payaso enharinado", se vuelve el eje de la historia. Lo adyacente se convierte en la clave del relato. Para Saúl Sosnowski, el narrador de "Las babas del diablo" es un expositor poco hábil que se tarda describiendo los detalles accesorios. Esta manera de narrar está fuertemente ligada al arte del fotógrafo que, para Cortázar presenta una paradoja: "la de recortar un fragmento de la realidad, fijándole determinados límites, pero de manera tal que ese recorte actúe como una explosión que abre de par en par una realidad mucho más amplia, como una visión dinámica que trasciende espiritualmente el campo abarcado por la cámara" (24).

La mirada, a lo largo del cuento, es fundamental. Como buen fotógrafo Michel sale de su casa para ver: "creo que sé mirar", "no pude más que mirarlos y esperar", "cuando vi venir al hombre, detenerse cerca de ellos y mirarlos", "la mujer empezó a acercarse al hombre que me miraba con los agujeros negros que tenía en el sitio de los ojos", "miraba la foto", "mejor era eso que la compañía de una mujer capaz de mirar como lo miraban en la isla", "y vi la mano de la mujer que empezaba a cerrase despacio, dedo por dedo", "el chico una o dos veces atisbó por sobre el hombro de la mujer y ella seguía hablando, explicando algo que lo hacía mirar... hacia la zona donde estaba el auto con el hombre". La mirada de la mujer y la del hombre cuando caen sobre Michel, como en un hechizo, lo transforman en una cámara estática que observa pasivamente el cielo y el paisaje: "pero de frente estaba el hombre, entreabierta la boca donde veía temblar una lengua negra" (25). A partir de ahí, el ente diabólico, Satanás, se acerca al fotógrafo poniéndose frente a la lente, eliminando todo el paisaje y provocando que Michel cierre los ojos y no quiera mirar más. Finalmente, Michel ve nubes y palomas: "fue lo que vi al abrir los ojos y secármelos con los dedos: el cielo limpio... largo rato se ve llover sobre la imagen, como un llanto al revés". El narrador queda estático, como una lente abierta, el "agujero que hay que contar" (26), reflejando las nubes y los pájaros. También podemos interpretar que esa repetición continua, escrita entre paréntesis, de las nubes y los pájaros, puede ser el reflejo del cielo sobre la mirada de Michel muerto.

Michel, como personaje narrador o como cámara fotográfica, ve y va vertiendo en palabras su interpretación personal. En la narración, el tiempo mismo puede ser interpretado equivocadamente: "Ahora mismo (qué palabra ahora, qué estúpida mentira)" (27). Sin embargo, ante tanta ambigüedad el narrador asevera que para saber mirar hay que "desnudar a las cosas de tanta ropa ajena" (28).

Podemos decir que en "Las babas del diablo", estrictamente no ocurre nada: "curioso que la escena (la nada casi...)" (29). Somos testigos de una pareja que habla, un hombre que se acerca, un joven que corre y un fotógrafo que toma la foto. Ésos son los únicos sucesos. Sin embargo, las conjeturas del narrador nos presentan una historia compleja donde terminamos con la sensación de estar leyendo un relato que el narrador va inventando ante nuestros ojos, con frases como: "todo esto podía ocurrir pero aún no ocurría", "puse en orden la escena", "esa mujer invitaba a la invención", "Michel es culpable de literatura, de fabricaciones irreales. Nada le gusta más que imaginar excepciones" (30), "comprendí, si eso era comprender, lo que tenía que pasar, lo que tenía que haber pasado, lo que hubiera tenido que pasar en ese momento, entre esa gente" (31). En estas frases, Cortázar nos está advirtiendo que todo lo que se narra es producto de esa "compresión" de la realidad por parte del protagonista, que se da cuenta que su presencia en la escena "había llegado a trastrocar un orden" (32).

El punto de vista a lo largo del cuento fluctúa entre una primera persona (Michel narrando) y una tercera persona (la lente narrando lo que observa Michel), u otra posibilidad aún: Michel convertido en la lente de una cámara de retratar. El protagonista se da cuenta hacia el final, que "el orden se invertía... y yo desde este lado, prisionero de otro tiempo, de una habitación en un quinto piso,... de ser nada más que la lente de mi cámara, algo rígido, incapaz de intervención" (33). Cortázar propone también un nosotros (tal vez Michel como parte de la cámara): "Uno de todos nosotros tiene que escribir si es que esto va a ser contado. Mejor que sea yo que estoy muerto, que estoy menos comprometido que el resto; yo que no veo más que las nubes y puedo pensar sin distraerme, escribir sin distraerme (ahí pasa otra, con un borde gris), y acordarme sin distraerme, yo que estoy muerto (y vivo, no se trata de engañar a nadie...)" (34). Esta imposibilidad de describir la realidad -ya que en el momento de la observación que debemos interpretar, necesariamente caemos en la falsedad- lleva a Cortázar a presentarnos un mundo ambiguo y contradictorio. El hecho de que el personaje que narra se considere muerto, ayuda a crear más confusión. Si el narrador de la historia no existe, cómo podemos aceptar su relato. Cuando el que cuenta se da por muerto y corrige inmediatamente para afirmar que vive y que no quiere engañar a nadie, es evidente que está mintiendo.

En el relato aparecen dos momentos en los que podemos pensar que ocurre la posible "muerte" de Michel. El mismo nos explica: "Pero las manos ya eran demasiado. Acababa de escribir: Donc la seconde clé... y vi la mano de la mujer que empezaba a cerrarse despacio, dedo por dedo. De mí no quedó nada, una frase en francés que jamás habrá de terminarse, una máquina de escribir que cae al suelo, una silla que chirría y tiembla, una niebla" (35). En otro momento Roberto asegura: "Creo que grité... pero de frente estaba el hombre,... y levantaba lentamente las manos, acercándolas al primer plano, un instante aún en perfecto foco, y después todo él un bulto que borraba la isla, el árbol, y yo cerré los ojos y no quise mirar más, y me tapé la cara y rompí a llorar como un idiota" (36). Para Julio Matas, el desenlace es el corolario "fatal" de una "buena acción". Michel ha revelado el momento de la corrupción, ha desenmascarado al Mal, y debe sufrir indefenso las consecuencias, aceptar la venganza del agraviado. "El protagonista se acerca así a un conocido modelo —el héroe de aventura caballeresca que sucumbe al maleficio de un encantador, si no del "Malo" mismo. Su castigo es permanecer aprisionado en ese limbo (¿o infierno?) que no aparecería originalmente en el encuadre de la foto: espacio neutro donde sólo suceden nubes y pájaros y monótonos cambios atmosféricos." (37).

Cortázar, en sus ensayos y entrevistas, relaciona la fotografía con el cuento: "No sé si ustedes han oído hablar de su arte a un fotógrafo profesional; a mí siempre me ha sorprendido el que se exprese tal como podría hacerlo un cuentista en muchos aspectos" (38). Tomando en cuenta esta declaración podemos asumir que el autor ha tratado de ilustrar esta teoría en "Las babas del diablo", donde tanto el cuentista como el fotógrafo recortan un fragmento de la realidad, fijándole límites, de manera que ese recorte actúe como una explosión que abre de par en par una realidad mucho más amplia, como una visión dinámica que trasciende el campo abarcado por la cámara. Cortázar considera que ambos artistas deben escoger y limitar una imagen o un suceso que sea significativo, y dicho encuadre debe ser capaz de actuar en el espectador o en el lector como una especie de apertura.

El narrador de "Las babas del diablo" duda sobre el lenguaje apropiado para describir esta historia. El discurso puede darse de muchas maneras pero es necesario escoger una forma de narrar, lo cual elimina todas las demás y, como en una fotografía, escoger los límites de lo narrado, la parte que nos interesa plasmar en palabras. Mucho de lo imaginado de la realidad dentro de la ficción, es necesario dejarlo fuera, eliminarlo.

Para Cortázar, el cuento no debe tener elementos innecesarios que estorben a la narración. Además, considera que el inicio del cuento es fundamental. En el primer párrafo de "Las babas del diablo" nos encontramos con la dificultad, por parte del narrador, de contar su historia, ya que el lenguaje resulta insuficiente ("Nunca se sabrá cómo hay que contar esto" (39). Enseguida, nos propone tres frases posibles para iniciar el relato: "Si se pudiera decir: yo vieron subir la luna, o nos me duele el fondo de los ojos, y sobre todo así: tú la mujer rubia eran las nubes que siguen corriendo delante de mis tus sus nuestros vuestros sus rostros. Qué diablos"... (40).

El autor plantea la posibilidad de hablar desde una primera, segunda y tercera persona del singular y del plural. Si lo que se narra proviene de una interpretación y el narrador produce, como escritor, una hoja escrita y como fotógrafo, una imagen, podemos pensar que desde las palabras al igual que desde las imágenes hablan todos los personajes, donde Cortázar como autor y nosotros como lectores estamos incluidos. La imposibilidad de darle una forma gramatical coherente se aprecia en la manera de iniciar el relato. En este primer párrafo sobresale la mujer rubia y el cielo, la luna y las nubes, Eros y también Tánatos. En: "vuestros sus rostros. Qué diablos" se anticipa la presencia de los rostros plasmados en la fotografía y del Demonio que acecha y seduce, el Mal.

Otro personaje homosexual presente en la narrativa de Cortázar es Dora que aparece en "La barca o Nueva visita a Venecia". Esta mujer, enamorada de su compañera de viaje, por despecho la traiciona y la lleva a la muerte. En todos los casos, para Cortázar, el homosexual es un individuo vil, traicionero y perverso.

En "Las babas del diablo" y en "La escuela de noche", observamos la misma preocupación del autor, que ya comentamos. El Mal absoluto está personificado en individuos homosexuales, pervertidores de menores, encarnación de Satanás. Éstos son hombres físicamente patéticos; el uno es un "payaso enharinado" y el director de la escuela, Rengo, es un cojo, "pastel de frutas, con el rímel y el rouge y el flequillo pelirrojo" (41).

Podemos preguntarnos: ¿El individuo elige como objeto del deseo individuos del mismo sexo o sus pulsiones lo gobiernan y él no tiene posibilidad de elección? ¿Las relaciones que se establecen con los padres durante la infancia definen la inclinación sexual del individuo?

Freud ve en el mito de Edipo una fatalidad, ya que considera que la atracción por la madre y el rechazo del padre es parte de la evolución normal del niño. Por lo tanto, si el complejo de Edipo se resuelve de manera adecuada, el individuo podrá establecer relaciones de pareja heterosexuales; de no ser así, sus pulsiones lo empujarán a establecer relaciones homosexuales o buscará en las perversiones la satisfacción de su deseo. Los apegos edípicos no resueltos impiden el ajuste sexual normal y afectan adversamente al desarrollo de la personalidad.

Para Freud, en la fase del desarrollo de la libido infantil, que se caracteriza por un desarrollo de un complejo de Edipo normal, los niños se encuentran ligados al progenitor del sexo opuesto, lo cual es un requisito para que se dé una elección normal de objeto del deseo. Sin embargo, el proceso por el cual el adolescente escoge su preferencia sexual, no se efectúa sin contradicciones. Una elección puede llevar a la inversión, que se da cuando se escoge a los individuos del propio sexo. En aquellas sociedades donde la homosexualidad no es considerada como delito, se observa que una gran cantidad de individuos escogen esta inclinación. Se ha visto, que esta elección de objeto también puede ocurrir si la educación de los niños varones se lleva a cabo por personas de sexo masculino, como los esclavos en la antigüedad (42). La homosexualidad, de acuerdo con Kinsey, es una constante en la vida social, donde un 37 % de los hombres y un 20% de las mujeres la practican o la han practicado. En la cultura griega la homosexualidad era valorada como un ideal pedagógico y en algunas tribus americanas era planteada como una condición de acceso al sacerdocio. (43).

En la infancia, la relación de la madre con su hijo, cuando ésta se da en términos de ternura, ayuda a dirigir, en la pubertad, la elección de objeto hacia la mujer. Este hecho se ve fortalecido por la imagen de poder que el padre representa y que le provoca miedo. De esta manera, de acuerdo con Freud, se desarrolla una relación hostil con respecto al propio sexo, que influye en la elección de objeto, orientándola hacia la relación heterosexual. Los apegos edípicos no resueltos impiden el ajuste sexual normal y afectan adversamente al desarrollo de la personalidad. La presencia amenazadora del padre ayuda a crear el *superyó*. El niño quisiera convertirse en el padre ideal, en la imagen llena de atributos que el hijo le confiere, con características de omnisciencia, de perfección, de omnipotencia. Dicha imagen representa un "ideal del *yo*" que es una fuente de aspiraciones (conscientes e inconscientes) del individuo. Esta instancia aparece como una conciencia moral, el *superyó* que amonesta, ordena, critica y prohíbe, además de apartar de sus objetivos los deseos libidinales.

Otra posibilidad es que la libido pueda ser retirada del objeto y vuelta hacia el *yo*. Estudiando el desarrollo de la libido del niño en su fase temprana, Freud llegó al conocimiento de que el *yo* es el verdadero y primitivo depósito de la libido, la cual parte luego de él para llegar al objeto. El *yo* ocupa un puesto entre los objetos sexuales y cuando permanece así, en el *yo*, se le denomina narcisista.

Estos descubrimientos demostraron que una parte de las pulsiones del *yo* tenían una carga libidinosa, ya que en el *yo* actúan también los instintos sexuales. Por lo tanto, Freud, en Más allá del principio del placer (44), mantiene el carácter dual de las pulsiones y decide llamarlos pulsiones de vida (Eros) y pulsiones de muerte (Tánatos), un instinto de destrucción orientado hacia el mundo exterior, hacia otros seres animados y hacia uno mismo, como ya vimos anteriormente.

Esta dualidad, Eros y Tánatos, está presente en "Las babas del diablo" y "La escuela de noche". Individuos pervertidos buscan el objeto del deseo en una relación homosexual con jóvenes, casi niños, a los que someterán, corromperán y destruirán emocionalmente.

Como veremos, existen varias similitudes entre "Las babas de diablo" y "La escuela de noche". En ambos cuentos nos encontramos con jóvenes que deben enfrentar al Mal, al demonio, que desea corromper a su víctima, con dinero en un caso o a base de exigir disciplina e imponer un adoctrinamiento, en el otro. Debemos hacer notar en ambas historias, la presencia de una mujer como vínculo entre el Mal y la víctima. Ella es la encargada de seducir y de llevar a "los prisioneros maniatados con flores" (45) con su verdugo.

Nos podemos preguntar: ¿Por qué una mujer es utilizada por Cortázar como señuelo para acercar a los jóvenes al Mal, un ente maligno masculino? Podemos pensar que para Cortázar, que vivió su infancia rodeado de mujeres, la mujer es el vínculo indispensable para acceder a las experiencias de la vida. El hombre resulta lejano, amenazador, hostil, corrupto, caricaturesco, la mujer corrupta y seductora, pero real.

En "Las babas del diablo" (escrita en 1959) existe una preocupación ética y social, en "La escuela de noche" (escrita en 1982) la preocupación es ética, social y política. En este último cuento podemos observar el camino de compromiso político asumido por Cortázar a raíz de la revolución cubana.

En "La escuela de noche", Cortázar nos narra la experiencia que sufren Nito y Toto cuando deciden entrar de noche a la escuela "anormal", donde llevan ya seis años y medio "de yugo", cuatro para recibirse de maestros y casi tres para el doctorado en letras.

Para Kason, la narración presenta tres niveles de significado en los cuales el compromiso político: 1) está prácticamente ausente, 2) sirve de trasfondo histórico y 3) tiene un papel importante en la crítica que hace Cortázar del gobierno militar en la época de Guerra Sucia (1976-1983). En el primer nivel se puede interpretar el cuento como un relato de aventuras adolescentes, en el segundo nivel la política sirve de trasfondo histórico y en el tercer nivel "resalta una metáfora de la nefasta Guerra Sucia realizada contra el pueblo argentino durante el momento histórico en el cual Cortázar escribió el cuento" (46).

En esta historia, el director de la escuela, al que llamaban Rengo, prototipo del tirano fascista, es aborrecido por los alumnos, no sólo por su severidad, también por su cara de "pájaro embalsamado, su manera de llegar sin que nadie lo viera y asomarse a una clase como si la condena estuviera pronunciada de antemano" (47). Este hombre se asume como un *superyó* rígido y opresivo que, convencido de su poder, somete a actos de sadismo y abuso sexual a sus alumnos, como vamos descubriendo a medida que nos adentramos en la escuela de noche.

De acuerdo con Freud, durante la infancia, la lucha por conciliar corrientes divergentes en el inconsciente puede desembocar en una identificación del individuo con Dios, un *superyó* que exige lo imposible. Estos hombres se erigirán en jueces implacables de los demás y podrán atribuirse a sí mismos la misión de "salvar" del mal a sus semejantes, como muchos individuos religiosos y líderes fascistas. De la misma manera, el camino podrá llevar a encontrar la identificación con la madre o con el padre. Así, el individuo debe librar su propia lucha para resolver el conflicto entre los deseos divergentes de la libido, así como los conflictos entre ésta y las exigencias del *superyó* y de la realidad.

Rengo, el director, es el juez absoluto, el tirano sádico, el corruptor de menores, un *superyó* que adoctrina y dirige a sus alumnos, es el líder fascista que exige obediencia e inflige castigos.

A medida que Nito y Toto se adentran en la escuela van descubriendo un mundo de pesadilla, una orgía travesti que se lleva a cabo en el salón de profesores habilitado como bar, con música y compañeros bailando con mujeres vestidas de largo, adornadas con collares de perlas, pelucas pelirrojas y pestañas postizas. Cuando descubren los senos de goma de estas mujeres, se dan cuenta que se trata de compañeros disfrazados. Finalmente, aparece el director, también vestido de mujer. En este ambiente dantesco se lleva a cabo un ritual de muerte: un perrito blanco con una cinta roja sujetándole las patas es ahogado en una pileta de agua ante el regocijo de todos.

Cortázar sitúa su historia en los años treinta en Buenos Aires. Como es sabido, en 1928 Hipólito Irigoyen ocupó la presidencia de Argentina por segunda vez y es derrocado por un golpe de estado en 1930. El periodo de 1930 a 1943 corresponde a una década de restauración conservadora, un caos político con luchas entre radicales y conservadores, que termina en 1943 con el golpe militar de Perón que lo llevó a la presidencia por primera vez en 1946, años de "sospechas, miedo, fanatismo y represión" (48), que termina con el golpe de 1955.

El peronismo estableció un estilo cultural donde la educación fomentaba la adhesión al gobierno. La universidad fue intervenida y en la escuela primaria y secundaria hubo una presencia religiosa constante que aspiraba a eliminar el laicismo, provocando que en 1946 se estableciera la enseñanza religiosa en el país. La censura y el control de los medios de comunicación jugaron un papel muy importante en la difusión de la propaganda gubernamental. Curiosamente, no existe una obra literaria donde se reflejen los cambios políticos de la época.

Cortázar, en ese momento, era profesor de literatura en la Universidad de Cuyo en Mendoza y tuvo que dejar su carrera académica por sus actividades antiperonistas.

"En los años 44-45 participé en la lucha política contra el peronismo, y cuando Perón ganó las elecciones presidenciales, preferí renunciar a mis cátedras antes de verme obligado a 'sacarme el saco' como les pasó a tantos colegas que optaron por seguir en sus puestos" (49). El autor continúa: "...nuestra condición de jóvenes burgueses que leíamos en varios idiomas, nos impidió entender ese fenómeno. Nos molestaban mucho los altoparlantes en las esquinas gritando 'Perón, Perón que grande sos'" (50).

El autor no congenió con el régimen peronista, pero tampoco se identificó con la oposición.

En "La escuela de noche", que evoca este tipo de régimen, el autor mezcla el presente con el pasado, utilizando una narración retrospectiva, contada por Toto, cuando era estudiante en la escuela normal. Así, debemos entender una intención sociopolítica en la escritura del cuento.

Cortázar publica una nota en su novela El examen, escrita en 1950, donde dice: "Publico hoy este viejo relato porque la pesadilla de donde nació sigue despierta y anda por las calles" (51). La novela presenta una visión de la Argentina durante la primera presidencia de Perón, donde el autor critica el sistema educativo y muestra a estudiantes explotados y tratados con abuso por los profesores, además del adoctrinamiento de éstos en una mentalidad que evoca al fascismo. El tema del adoctrinamiento fascista aparece también en "La escuela de noche".

Para Jaime Alazraki: "un juego de muchachos capitaneados por un director perverso y pervertido, adquiere la dimensión de una miniatura del régimen militar que hizo posible esos años: miedo, terror, violencia agazapados bajo esa misma apariencia de escuela que forma a 'los futuros ciudadanos de la patria' y en cuyo nombre todo está permitido" (52).

"La escuela de noche" es un microcosmos del estado dictatorial, como el que se vivió en Argentina durante muchos años. Como en el fascismo, podemos observar en esta narración el uso del poder ilimitado para someter y aniquilar la dignidad del hombre.

Para L. Mumford, donde reside la explicación del fascismo es "en la existencia de un inmenso orgullo, en el placer de ser cruel, en la desintegración neurótica" (53). A pesar de los factores socioeconómicos que condujeron al fascismo, la aceptación por parte de todo un pueblo se debe, entre otras razones, a causas psicológicas.

Como sabemos, el hombre a lo largo de la historia ha aprendido a someterse al poder, convencido de su propia insignificancia. Si una autoridad logra identificarse con los ideales que el hombre ha aprendido a respetar, como la patria, la democracia, la libertad, resulta fácil para ésta someter a los individuos a sus intereses, escondidos detrás de unas palabras huecas. El miedo al aislamiento y la debilidad de los principios morales contribuye a que los líderes ganen la adhesión de una gran parte de la población. La necesidad de someterse, el anhelo de poder, la educación en la disciplina y la obediencia, la frustración social, el amor al fuerte, el odio al débil, la hostilidad, la mezquindad, los sentimientos agresivos hacen posible la aceptación del fascismo.

Con el debilitamiento de la autoridad del padre, el individuo ha buscado en las instituciones del poder la identificación emocional y social, sometiéndose a los intereses de las clases privilegiadas. La estructura de carácter autoritaria de los líderes, de acuerdo con Fromm, logra influir en sectores de la población que poseen la misma estructura de carácter. Ésta se caracteriza por tendencias impulsivas sádicas y masoquistas, como puede observarse en la "Escuela de noche", donde un grupo de estudiantes aceptan con euforia y fascinación que un perrito blanco sea atado de patas y sumergido en un acuario. Mientras el perro agoniza entre convulsiones es devorado por peces, que le arrancan la piel a jirones.

El sadismo es el impulso destructivo dirigido en el ejercicio del poder sobre otra persona, o animal; el masoquismo es el impulso sádico dirigido contra uno mismo. Ambos establecen una relación simbiótica destinada a superar la soledad. Permitiendo el abuso contra sí mismo, los alumnos de esta escuela aceptan de manera masoquista las humillaciones que esta autoridad les inflige, para a su vez, de manera sádica humillar a sus compañeros y asesinar al perro. Dichos actos propician que los alumnos se sientan identificados con el grupo y estimulen la comunión entre ellos.

Para Hitler las masas deben ser dominadas porque "lo que ellas quieren es la victoria del más fuerte y el aniquilamiento o la rendición incondicional del más débil" (54). Las masas aman al que manda y no llegan a darse cuenta "de la injuriosa restricción de sus libertades humanas, puesto que de ninguna manera caen en la cuenta del engaño de esta doctrina" (55). La propaganda, la sugestión de la masa, el anhelo de sumisión del pueblo, contribuyen a la instauración del fascismo.

La educación para el fascismo asume que los líderes deben sentirse superiores a todos los demás y enseña a los seguidores a sufrir injusticias sin rebelarse. El Rengo atrapa a un estudiante, Larrañaga, y le pone una venda en los ojos: "lo hacía duramente y apretándole los ojos, aunque el petiso protestaba... condenándolo a ser la gallina ciega atada con la misma despiadada fuerza con que habían atado las patas del perrito blanco" (56). La gallina ciega es la metáfora precisa de la situación de los jóvenes ante esta autoridad grotesca. Son ciegos, necesitan un guía y aceptan la imposición y los castigos de éste sin protestar.

"Obedece para mandar y manda para obedecer", "Del orden emana la fuerza y de la fuerza emana el orden", establece el decálogo de la "Escuela de noche". Los alumnos, sometidos al líder, repiten estas sentencias mirando fijamente al aire, inmóviles, fascinados, en comunión con todos sus compañeros y dirigidos por el Rengo (57). Después de un juego cruel donde, entre risas, azotan a un estudiante con saña, se procede a repetir este decálogo de alabanza a la sumisión.

Hitler se da cuenta del anhelo de sumisión de la masa y utiliza el mitin multitudinario como un medio de sugestión y sometimiento: "El mitin de masas es necesario, al menos para que el individuo adquiera por vez primera la visión de una comunidad más grande, es decir, de algo que en muchos produce un efecto fortificante y alentador... él mismo deberá sucumbir a la influencia mágica de lo que llamamos sugestión de masas" (58). El Rengo levanta una mano, asistido por Fiori, un alumno vestido con uniforme militar y todos guardan silencio. Como un todo, sintiéndose parte de una comunidad que los absorbe y recibe en su seno, como parte de una elite que desprecia a los demás, los alumnos, casi en trance, se entregan con devoción a los caprichos del líder que en su locura los humilla y corrompe.

Para Freud "trátese de un rebaño o de una multitud humana, los elementos individuales se colocan instintivamente bajo la autoridad de un jefe. La multitud es un dócil rebaño incapaz de vivir sin amo. Tiene tal sed de obedecer que se somete instintivamente a aquel que se erige en su jefe" (59). El líder necesita sentir el poder sobre las masas y éstas, a su vez, desean ser mandadas por los líderes. Estos últimos satisfacen su sadismo manipulando, despreciando y dominando a las masas, mientras el objeto del sadismo de las masas son los denominados débiles y decadentes, las minorías raciales y políticas. El líder debe estar inmerso en una intensa fe para poder hacer surgir la fe en la multitud. Debe tener una voluntad potente e imperiosa para ser capaz de animar a la masa. Los lazos afectivos que se dan en la masa provocan la falta de independencia e iniciativa del individuo dentro de la multitud, que lo convierten en una unidad integrante de ésta. La masa, considerada una totalidad, presenta una disminución de la actividad intelectual, una afectividad sin freno, una incapacidad de moderarse, una tendencia a transgredir los límites y una inagotable necesidad de sometimiento. Como parte de esa masa, Nito, al final de la historia, sucumbe y se somete al adoctrinamiento y a la fascinación del grupo, identificándose con sus antiguos enemigos: "los extraños y los mierdas... los peores hijos de puta de la escuela" (60).

Para Freud, la actitud de la masa está relacionada con la horda primitiva, lo que explicaría el carácter coercitivo de las formaciones colectivas, que se manifiesta en sus fenómenos de sugestión. La función del caudillo es producir un efecto hipnótico que se apodere de la voluntad de cada individuo de la multitud. Los lazos entre los integrantes de esta última ayudan a someter a todos en conjunto. El padre primitivo es el ideal de la masa y este ideal domina al individuo, sustituyendo a su "ideal del *yo*". Cuando los lazos que lo ligaban al jefe desaparecen, la cohesión entre los individuos se pulveriza, ya que era el líder el que aportaba sentido a la unión, destruyéndose así la comunión entre todos y su sentimiento de pertenencia.

Este sentimiento absorbe a Toto, que está a punto de sucumbir a la fascinación de esta orgía sexual. Sin embargo, en el momento de encontrarse solo nuevamente, la cohesión con el grupo desaparece y el niño logra liberarse de la influencia de la masa.

En un momento de la narración Toto es arrastrado y amarrado a un aparato extraño por la señorita Maggi, maestra de Química Orgánica, única profesora mujer de la escuela, "entre tantos maricones y desgraciados" (61). Sujeto a esta jaula, le aplican luces mientras la mano de la mujer le desabrocha el pantalón: "la caricia entre los muslos me llegó como desde lejos, la mano que me subía entre las piernas y buscaba...". Las luces bailaban ante los ojos del protagonista: "todo iba y volvía como la mano de la señorita Maggi llenándome de un lento abandono interminable" (62) En ese momento, Toto está a punto de sucumbir: "...y la señorita Maggi mostrándome la salida, mirándome sin expresión, una cara lisa y saciada, la peluca violentamente iluminada por la luz amarilla. Otro se le hubiera tirado encima ahí nomás, la hubiera abrazado ahora que no habría ninguna razón para no abrazarla o besarla o pegarle..." (63). El muchacho reacciona cuando lo empujan fuera del cuarto y cierran la puerta tras de él. Nito, figura de la inocencia corrompida, ya se encuentra integrado a las actividades del grupo, absorbido por la fascinación del momento. Sólo, Toto logra escapar. A la mañana siguiente el protagonista se da cuenta que su amigo ya no es el mismo. Tratando de convencerlo de denunciar los hechos a las autoridades, Nito se opone y amenaza: "porque te conviene. Porque no sos tan idiota para no darte cuenta de que si abrís la boca te va a costar caro... si decís una sola palabra te vas a arrepentir toda la vida, si es que estás vivo." En ese momento, Toto se da cuenta que su amigo tiene la expresión de los demás integrantes del grupo de travestis, "ese convencimiento y esa boca apretada" (64).

Esa escuela está pensada para formar a los futuros dirigentes del país que aplicarán su ideología desde el poder: "Y Nito tampoco seguía las clases, qué le importaban las clases ahora, lo que verdaderamente le importaba... que lo otro, lo que importaba de veras, se fuera cumpliendo poco a poco, así como poco a poco se habían ido enunciando para él las profesiones de fe del decálogo, una tras otra, todo eso que iría naciendo alguna vez de la obediencia al decálogo, del cumplimiento futuro del decálogo, todo eso que había aprendido y jurado esa noche y que alguna vez se cumpliría para el bien de la patria cuando llegara la hora y el Rengo y la señorita Maggi dieran la orden de que empezara a cumplirse" (65).

En este cuento, la escuela, lugar de cultura, donde los alumnos deben aprender a apreciar la justicia, la libertad y la igualdad entre todos los hombres, además de estimular a los alumnos a desarrollarse como individuos sanos, es un lugar donde se enseña a ser sumiso, indigno, sádico, criminal y enfermo sexual.

Para Nancy Kason, "la oposición día/noche, establece la base del conflicto filosófico entre el bien/el mal, la verdad/la mentira, el orden/el caos. También reconocemos la gran ironía en la selección de una escuela para el ambiente físico donde sucede la acción del relato" (66).

En la sociedad tecnológica, el sometimiento del hombre se lleva a cabo utilizando los medios de comunicación, en "La escuela de noche" este papel lo desempeña la escuela. En ambos casos, el individuo es presa fácil de la desmoralización y termina aceptando la corrupción como medio para mejorar su vida.

Para Marcuse, "la abolición técnica del individuo se refleja en la decadencia de la función social de la familia" (67). Ésta, que antiguamente se encargaba de educar y transmitir las reglas y valores dominantes al individuo, ha perdido su papel en la sociedad industrializada. Ahora, bajo el mando de monopolios económicos, políticos y culturales, la formación del *superyó* parece omitir el estado de individualización. La organización represiva de los instintos parece ser colectiva y el *yo* parece estar prematuramente socializado por agentes extrafamiliares, como los amigos, la radio, la televisión, que establecen un modelo de conformismo.

Los medios de comunicación transmiten los valores requeridos para que el sistema funcione. Contra esta educación, la familia ya no puede competir. La dominación, así, asume la forma de administración, el control es administrado por oficinas, los amos ya no tienen una función individual y el hombre es mantenido en un estado de empobrecimiento cultural y físico. La producción y el consumo justifican la dominación. Con estos cambios económicos y políticos, el hombre ha perdido el sentimiento de unidad con los otros hombres, cayendo presa de un sentimiento de inseguridad, impotencia y angustia. El dinero sustituye los valores morales y la solidaridad, y los individuos no dudan en corromperse. El poder, dentro de esta sociedad moderna, utiliza el sometimiento de la misma manera que los gobiernos fascistas.

El deseo perverso

Para Nietzsche, el "sentido de toda cultura (es) domesticar a la fiera humana, para hacer de ella, por medio de la educación, un animal doméstico y civilizado". Para este autor, el hombre domesticado es mezquino, débil, inofensivo, prudente, mediocre. Es el hombre "cordero", el que considera la debilidad como una libertad, como un mérito. La impotencia para este hombre se convierte por una mentira, en "bondad", la bajeza medrosa, en "humildad", la sumisión a los que se odia, en "obediencia", su cobardía se adorna con el nombre de "paciencia", de "virtud" (68). Todas estas características pueden encontrarse en los alumnos que participan de la orgía sadomasoquista en "La escuela de noche".

Cortázar a lo largo de su vida fue asumiendo un compromiso político con las causas de los pueblos latinoamericanos que luchaban en contra del imperialismo y de la injusticia.

"Por mi parte," apunta Cortázar, "creo que la responsabilidad de nuestro compromiso tiene que mostrarse en todos los casos en un doble terreno: el de nuestra creación, que, como ya dije antes, tiene que ser un enriquecimiento y no una limitación de la realidad, y el de la conducta personal frente a la opresión, la explotación, la dictadura y el fascismo" (69). Para este autor, como ya citamos anteriormente, la verdadera literatura debe de incidir en el lector, exaltándolo, cambiándolo, haciéndolo más hombre (70). Y Julio Cortázar logra su cometido, con cuentos de esta calidad estética y humana.

8. EL *YO* ENTRE DOS REALIDADES DIFERENTES

"La noche boca arriba", "Las armas secretas"

> Porque mientras el miedo ande suelto
> Por ciudades y montes de la tierra...
> Pablo Armando Fernández (1)

Julio Cortázar nos propone en "La noche boca arriba" y "Las armas secretas" un mundo fantástico en donde los personajes pueden acceder a dos realidades diferentes. La vida cotidiana se ve alterada por una existencia paralela en la que el sueño, el pasado y la guerra determinan el destino de los protagonistas.

"Psicología de las masas", "Más allá del principio del placer" y "El porvenir de una ilusión", al igual que "Consideraciones de actualidad sobre la guerra y la muerte", fueron escritos por Sigmund Freud a raíz de la matanza ocurrida durante la Primera Guerra Mundial y la profunda impresión que este acontecimiento provocó en el autor. Más adelante, publicó "El malestar en la cultura" donde analiza la historia de la humanidad y el precio que ésta ha tenido que pagar al sacrificar la vida instintiva del hombre en aras del progreso.

Sin embargo, este investigador reconoce que gracias a la cultura, la vida pulsional se ha tenido que someter al intelecto y a la razón, y la inclinación a agredir se ha interiorizado. De esta manera, concluye que todo lo que promueve el desarrollo de la cultura va en contra de la pulsión de muerte y, por lo tanto, de la guerra, que rompe todos los lazos de solidaridad y contradice las actitudes que los seres humanos han tenido que desarrollar a lo largo de los tiempos para adaptarse a la vida comunitaria.

El hombre, cuando formaba parte de la Naturaleza, necesitaba destruir la vida de los demás para preservar la propia. En la guerra debe de hacer lo mismo. La guerra, entonces, representa una transgresión a los valores de la civilización, como veremos ejemplificado en "La noche boca arriba" y "Las armas secretas" de Julio Cortázar.

El ser humano, de acuerdo con Freud, alberga impulsos agresivos en su interior. Gracias a la labor de la cultura, como ya dijimos, esa agresividad puede ser canalizada hacia formas socialmente aceptadas o puede ser reprimida. En el interior del hombre, por tanto, habitan un cúmulo de impulsos destructivos que están dispuestos a salir a la menor provocación. La máscara de hombre civilizado que hemos adoptado se desintegra en el momento en que nos encontramos ante otro ser al que se le ha puesto la etiqueta de "enemigo". La muerte y la desolación, en la guerra, arrasan con el mundo de normas y convivencia que con mucho trabajo se ha construido a lo largo de la historia. Los individuos, de un día para otro, pueden convertirse en una fuerza destructora capaz de perpetrar los peores crímenes contra sus semejantes: "Sale a matar y sabe a quién matar... Basta comunicar quien debe morir, para que la masa se forme... El asesinato permitido reemplaza a todos los asesinatos de los que uno debe abstenerse y por cuya ejecución han de temerse duras penas" (2).

La capacidad destructiva del hombre ha marcado el camino de la raza humana. Su historia se ha distinguido por los hechos sangrientos que relata: una larga secuencia de guerras, crímenes y traiciones.

Para Freud, "la tendencia agresiva es una disposición instintiva innata y autónoma del ser humano... ésta constituye el mayor obstáculo con que tropieza la cultura" (3). La cultura es un proceso puesto al servicio de Eros destinado a formar vínculos entre los hombres y los pueblos. Sin embargo, el instinto humano de agresión, "la hostilidad de uno contra todos y de todos contra uno, se opone a este designio de la cultura. Dicho instinto de agresión es el descendiente y principal representante del instinto de muerte, que hemos hallado junto a Eros y que con él comparte la dominación del mundo" (4). Así, la evolución cultural del hombre se puede definir como la lucha de éste por la vida.

Al grito de: "Viva la muerte" los hombres se entregan a la guerra, transgrediendo todas las normas, construyendo la tumba de la inteligencia. "Quienes creen en los cuentos de hadas no les agrada oír mentar la innata inclinación del hombre hacia 'lo malo', a la agresión, a la destrucción y con ello también a la crueldad" (5). Para el filósofo inglés Hobbes, el hombre no es una criatura inocente y pacífica, sino que "el hombre es el lobo del hombre" (6).

La guerra, con su secuela de muerte y degradación, está presente a lo largo de la historia, así como en la narrativa de numerosos autores entre los que destaca Julio Cortázar. En "La noche boca arriba" y "Las armas secretas", los protagonistas habitan un mundo hostil donde son arrastrados a luchar contra un enemigo que es, a su vez, víctima de los intereses de los poderosos. En una historia, la lucha está organizada por los sacerdotes, en la otra, por un estado que busca la expansión de sus dominios. Los conflictos emocionales y el miedo dirigen los pasos de los personajes, que se disocian entre dos realidades diferentes.

En "La noche boca arriba", un personaje anónimo ("porque para sí mismo, para ir pensando, no tenía nombre") (7), tras sufrir un accidente en una motocicleta, es llevado a un hospital, donde confundiendo el sueño con la realidad, se encuentra indistintamente, sobre una cama, cuidado por enfermeros, o escapando de sus perseguidores en "la Guerra Florida" entre motecas y aztecas.

Como un animal acosado, boca arriba, el personaje principal de este cuento se debate contra la muerte: "la guerra no es otra cosa que un duelo en una escala más amplia" (8). Sin embargo, su causa está perdida. La radiografía que colocan sobre su pecho en el hospital, le cae encima como una lápida negra. La percepción de un olor dulzón de incienso, lo envuelve y lo sumerge en otro universo donde, de noche, huye de los aztecas que andan cazando hombres. En este momento el personaje acepta la realidad de la persecución, como si fuera un sueño en el que no había participado antes. El olor a guerra y el miedo se instalan en este mundo paralelo donde habita el guerrero, y entre la angustia de la huida y el regreso apacible a la cama del hospital, acosado por la fiebre, el personaje deambula de un estado a otro.

La Guerra Florida, en el momento en que aparece este personaje sin nombre, lleva ya tres días y tres noches. A pesar de que los enemigos ya habían hecho numerosos prisioneros, la caza continuaría hasta que los sacerdotes dieran la señal de regreso: "Todo tenía su número y su fin, y él estaba dentro del tiempo sagrado, del otro lado de los cazadores" (9).

La guerra "como término que sintetiza la naturaleza conflictiva del hombre" (10), responde a las pulsiones de muerte. Para Freud, el natural instinto humano de agresión es el descendiente y principal representante de Tánatos.

De acuerdo con Fromm, "existe el deseo de someterse a un poder de fuerza abrumadora, de aniquilar su propio *yo*, del mismo modo que existe el deseo de ejercer poder sobre personas que carecen de él" (11). Aquí, podemos reconocer una necesidad sadomasoquista en la relación entre el individuo y ese poder.

La necesidad de tener hombres para el sacrificio a los dioses era una prioridad en la Guerra Florida.

Para Lacan, como ya revisamos anteriormente, el registro de *lo real* está íntimamente relacionado con la angustia, ligada al deseo y a la muerte. *Lo real* en el sujeto resulta ser lo más cómplice de la pulsión" (12) y, en el caso de estos cuentos, *lo real* está relacionado con la pulsión de muerte, relacionado con el trauma que se concibe como algo que debe ser eliminado de la vida consciente. Sin embargo, "se conserva la insistencia del trauma en no dejarse olvidar por nosotros" (13). Así, el protagonista de "La noche boca arriba" viaja de un mundo apacible hacia otro violento, de uno que parece representar al mundo consciente a ese otro, el inconsciente, donde habita la pulsión de muerte, que dentro de la historia, no puede ser reprimida.

En este cuento nos encontramos con estos dos espacios paralelos: el espacio moderno de la motocicleta y el hospital, y el antiguo de la Guerra Florida. El personaje anónimo pasa de una realidad a otra buscando alivio a su miedo. Él, sin nombre, sin identidad propia, vive dividido entre el sueño y la vigilia. Sin embargo, ambas realidades convergen en la muerte: "Caía la noche, y la fiebre lo iba arrastrando blandamente a un estado donde las cosas tenían un relieve como de gemelos de teatro, eran reales y dulces y a la vez ligeramente repugnantes; como estar viendo una película aburrida y pensar que sin embargo en la calle es peor, y quedarse." (14).

La presencia de un *yo* dividido en el espacio y en el tiempo crea la angustia y el personaje sufre. "Tener miedo no era extraño, en sus sueños abundaba el miedo" (15). Cualquiera de las dos realidades es igual de dolorosa, de aterradora. La muerte es la única solución posible en esta historia y es en la muerte donde nos encontramos con *lo real*, con el corazón de nuestro más profundo deseo. "*Lo real* hay que buscarlo más allá del sueño, en lo que el sueño ha recubierto, envuelto, escondido, tras la falta de representación" (16).

"Lo otro", que confirma la falsedad de la realidad humana y social, se presenta frecuentemente en la cuentística de Julio Cortázar. El individuo contiene en sí características contradictorias, ya que lleva "lo otro" dentro de sí, que termina por imponérsele como una fatalidad. La otredad en esta historia se manifiesta en "la confusión de modos diferentes de experiencia"

(17). La experiencia imaginada se confunde con la experiencia percibida, el sueño se confunde con la realidad, lo consciente con lo inconsciente, para desembocar en un final inesperado donde el sueño es la realidad. Tomadas ambas historias, sueño y realidad, como un todo, aparece lo fantástico. Ambos relatos (el mundo del moteca y el mundo en el hospital), que intercambian señales, se acoplan en un solo cuento, donde faltaría el sentido si cada narración se lee por separado. Cortázar consigue, de esta manera, "un sentido que rechaza y desafía explicaciones lógicas. Su mensaje está situado entre las dos historias, en ese intersticio creado por su yuxtaposición y que genera un relieve fantástico" (18).

El sentido de "La noche boca arriba" surge, por tanto, de dos situaciones que se sobreponen: el accidente y la guerra florida. El personaje atraviesa de una realidad a otra, como en un juego de vasos comunicantes. Sin embargo, entre ambas experiencias hay un vacío, una zona oscura donde está ausente una explicación lógica. El proceso de transmutación en este cuento "se efectúa según tres de los procedimientos prescritos por Borges para lo fantástico: el doble, el viaje en el tiempo y la contaminación realidad/sueño" (19).

"La noche boca arriba" tiene fuertes similitudes con dos cuentos de Borges: "Las ruinas circulares" y "El Sur". En el primero, un hombre desembarca y llega a un templo circular, devorado por incendios antiguos. Ahí, sueña un hombre y lo impone a la realidad. Este nuevo individuo aprende los ritos y es mandado a otro templo. Cuando el templo donde habita el primer hombre se incendia y observa que el fuego no lastima su piel, se da cuenta que él también es el sueño de otro que lo soñaba. "En el sueño del hombre que soñaba, el soñado se despertó" (20).

En "El Sur" un hombre llega al casco de una estancia. En un día preciso sube con prisa una escalera y algo roza su frente. A partir de ahí la enfermedad lo acosa. Preso de pesadillas termina en un sanatorio sufriendo curaciones dolorosas a causa de la septicemia. Cuando sana decide regresar a su estancia en el Sur, toma el tren y se baja en la estación, donde cree reconocer al patrón del almacén, "luego comprendió que lo había engañado su parecido con uno de los empleados del sanatorio." (21). Ahí, encuentra a un grupo de peones que lo agreden. Un gaucho le lanza una daga para que se defienda; sin embargo, el arma sólo servirá para justificar su muerte. Ya fuera, en la llanura, se da cuenta que va a morir: "No hubieran permitido en el sanatorio que me pasaran estas cosas... Sintió, al atravesar el umbral, que morir en una pelea a cuchillo, a cielo abierto y acometido, hubiera sido una liberación para él, una felicidad y una fiesta, en la primera noche del sanatorio, cuando le clavaron la aguja. Sintió que si él, entonces, hubiera podido elegir o soñar su muerte, ésta es la muerte que hubiera elegido o soñado" (22).

Como podemos observar, si mezclamos estos dos cuentos nos acercamos mucho a la historia de "La noche boca abajo". Muchos elementos se repiten: en "Las ruinas circulares" aparece el ambiente de selva y de ciénaga y un final donde lo que parecía estar dentro del mundo de la realidad resulta que pertenece al mundo del sueño. Durante toda la narración, el autor nos hace creer que estamos dentro de la vigilia para, en el último momento, sorprendernos con la revelación de que el hombre capaz de soñar un hombre, es a su vez, el sueño de otro hombre. Cortázar, en "La noche boca arriba" utiliza el mismo recurso. En ambas historias la fantasía nace del sueño alucinatorio "cuya clave es el doble... Lo extraño y sobrenatural aceptado como una fluctuante realidad, (donde) el doble es positivamente real y es más concreto que su poseedor" (23).

En "El Sur" los elementos que nos remiten al cuento de Cortázar son varios: el accidente que en un principio parece leve y que termina siendo muy grave, en el cuento de Borges, y mortal en el cuento de Cortázar; el sanatorio; el enfrentamiento violento con un grupo de hombres que llevará al protagonista a la muerte; la posibilidad de haber podido morir en el hospital. La existencia de dos realidades, ambas relacionadas con la muerte, que finalmente terminan siendo una sola. "Mañana me despertaré en la estancia, pensaba, y era como si a un tiempo fuera dos hombres. El que avanzaba por el día otoñal y por la geografía de la patria, y el otro, encarcelado en un sanatorio y sujeto a metódicas servidumbres" (24).

En "La noche boca arriba" el protagonista pasa del sueño a la vigilia continuamente. Acorralado por sus enemigos, "salió de un brinco a la noche del hospital (y pensando que soñaba) se enderezaba aterrado pero gozando a la vez del saber que ahora está despierto, que la vigilia lo protegía, que pronto iba a amanecer" (25). Su sueño lo remite a una esperanza hueca, que resulta ser falsa. La confusión de estos dos mundos que se superponen lo enfrentan, finalmente, a *lo real*. A medida que la narración se acerca a la escena de su próximo sacrificio, mientras el moteca lucha desesperadamente por despertar, *lo real* se va apoderando de todo. El personaje pasa del horror del supuesto sueño al horror de la realidad que desemboca en la muerte. El sueño se apoderó de la vigilia "en la mentira infinita de ese sueño" (26).

El eco del discurso de Cortázar "es simétrico". Es en la duplicación donde el personaje encuentra la única realidad posible en estos dos mundos paralelos, que ocurren en dos niveles existenciales donde el deseo en una realidad encarna en el deseo en la otra, y ambos terminan en la muerte. La noche es su sudario, ya sea en el hospital o en la piedra de los sacrificios. "A la realidad le gustan las simetrías y los leves anacronismos" (27), comenta Borges en "El Sur" y, podemos añadir, a los sueños también.

El personaje busca su realidad y se debate entre dos imágenes igualmente aterradoras y, en ese juego perverso, debe resolver en "cuanto *yo* su discordancia con respecto a su propia realidad" (28). Sin embargo, a pesar de las discordancias, el final será el mismo. Una realidad cubierta por el miedo, tendido en una cama de hospital, es superada por otra realidad más amenazante que la primera: "Pero olía la muerte, y cuando abrió los ojos vio la figura ensangrentada del sacrificador que venía hacia él con el cuchillo de piedra en la mano. Alcanzó a cerrar otra vez los párpados, aunque ahora sabía que no iba a despertarse, que estaba despierto, que el sueño maravilloso había sido el otro, absurdo como todos los sueños" (29).

En "Las armas secretas", Cortázar juega nuevamente con la idea de un *yo* que se divide. Pierre desea a Michelle, que no acaba de entregársele, la desea con desesperación, la odia y la quiere. La muerde cuando la besa y usa adjetivos denigrantes al pensar en ella: ratita, rata, gata, perra, perra delatora. Ambos se desean y participan de un juego sadomasoquista: "Todo él es un nudo de músculos, como la perra que es, para que aprenda, oh Michelle, oh mi amor, no llores así" (30). La aparente tranquilidad de ella le irrita: "A Pierre le da asco esa tranquilidad, que Michele pueda estar hablando de una blusa naranja, tan lejos de él como siempre." (31).

Pierre está cargado de hostilidad hacia su compañera y hacia sus amigos, Roland (al que le aprieta los dedos como si quisiera rompérselos) y Babette. A ambos los describe como "cerditos contentos".

Para Freud, como ya hemos dicho anteriormente, en el hombre existen instintos de vida e instintos de muerte. Asimismo, existe una ambivalencia en el amor (ternura) y odio (agresión). El autor afirma: "hemos admitido en el instinto sexual un componente sádico, que, como ya sabemos, puede lograr una total independencia y dominar, en calidad de perversión, el total impulso sexual de la persona,... este sadismo es realmente un instinto de muerte... En el estadío oral de la organización de la libido coincide aun el apoderamiento erótico con la destrucción del objeto" (32).

La obsesión de Pierre por Michelle está plasmada en estas palabras de Freud; Pierre desea a Michelle, desea poseerla, desea lastimarla, desea violarla. Su amor por ella es en realidad una profunda dependencia. Necesita su presencia, tenerla cerca, saberla dispuesta a complacerlo; ese supuesto amor de Pierre está lleno de rabia, de odio, de un profundo desprecio. La única manera de poseerla completamente es convirtiéndola en un objeto para su uso. Necesita demostrarle su poder y destruirla para satisfacer su sadismo. Y en la actitud pasiva de Michelle nos encontramos con la otra cara de la moneda, con el instinto parcial complementario del sadismo, con el sadismo vuelto contra el propio yo, con el masoquismo.

El mundo interno del personaje principal, con sus pensamientos, aparece continuamente a lo largo de la narración; observamos signos que indican que existe otra realidad, una realidad ya vivida y llena de violencia, que Pierre desconoce: "¿Te ocurre pensar de golpe en cosas completamente ajenas a lo que estabas pensando?" (33), pregunta. Para él, la vida es una maraña donde se mezclan sensaciones confusas de recuerdos que parecen falsos, de equivocaciones y de vivencias en el presente. Sin embargo, hay un pensamiento recurrente, el recuerdo de una escopeta de dos caños, un colchón de hojas secas, una escalera con una bola de vidrio en el nacimiento del pasamanos "que lleva al encuentro, al verdadero" (34). Y ese verdadero encuentro lleva a otra realidad, a otra época durante la guerra, a un soldado nazi, violador de Michelle, ella siendo casi una niña, y a la muerte del alemán a mano de Roland y otros franceses.

Para Armando Pereira, el encuentro de Michelle y Pierre ocurre en una zona ambigua en la que el conocimiento de ambos personajes es también un reconocimiento de sí mismo, del cuerpo olvidado que quedó en el pasado y que brota en el presente en el contacto diario. De acuerdo con Pereira, "el cuento se desenvuelve a jirones, como las imágenes del recuerdo" (35), creando en su ambigüedad la posibilidad de "lo otro", de lo extraño.

La otredad en "Las armas secretas" se manifiesta en "la división del sentir y el pensar de un sujeto, de manera que el protagonista experimenta su cuerpo o sus ideas como si fueran ajenas. Es decir, se produce una alienación parcial…, una parte del *yo* parece ser 'lo otro' del sujeto" (36). Como vemos, lo otro no puede evadirse y es tan fuerte que terminará por imponerse al individuo.

Para Pierre el mundo es un lugar hostil donde la gente le hace daño, pero también es un mundo donde él supone que lo quieren. La confusión es continua al igual que las sensaciones de amor y odio, de presente y pasado, de deseo y violencia.

A lo largo de la historia hay un juego constante de espejos que duplican los sentimientos encontrados de Pierre y de Michelle. La vida misma para

Pierre tiene dos niveles: un pasado aterrador y un presente que tiende a repetir la experiencia pasada. Para Freud existe una "obsesión de repetición: en los juegos infantiles creemos comprender que el niño repite también el suceso desagradable, porque con ello consigue dominar la violenta impresión experimentada mucho más completamente de lo que le fue posible al recibirla. Cada repetición parece perfeccionar el deseado dominio... es indudable que la repetición, el reencuentro de la identidad constituye una fuente de placer" (37), y es esto lo que busca Pierre, repetir el momento de la violación, aunque traiga como consecuencia su propia muerte; repetir el momento de manera obsesiva. Su necesidad sádica lo lleva a realizar su deseo a través de la destrucción emocional de Michelle.

Como Freud asume, el principio del placer parece hallarse al servicio de los instintos de muerte. Para Malva Filer, "Cortázar concibe el pasado, del mismo modo que el mito o la leyenda, como una fuerza misteriosa que puede, en todo momento, irrumpir e imponerse sobre el presente. El *yo* se encuentra entonces sometido al mandato de otras vidas, otros *yos* que de algún modo se posesionan de él y lo dominan" (38).

Pierre da la impresión que está poseído por un *yo* ajeno que se debate al inicio de la historia con su *yo* presente. Parece resistirse al principio, aunque levemente, a ese sentimiento agresivo hacia Michelle y lucha por deshacerse de ese otro *yo* que lo empuja a buscar la venganza. Finalmente, cede a su deseo y en su mente no existe otro pensamiento que el momento de la violación, la necesidad de hacerle daño a su pareja, de cobrarle las cuentas por haberlo delatado durante la guerra, la necesidad de repetir el pasado.

Michelle lo percibe; ve en momentos al nazi con su peinado de raya al medio, escucha cómo tartamudea, y le tiene miedo. Sólo Pierre vive ese doble mundo, esa realidad duplicada, sólo él vive presente y pasado, el resto de los personajes viven únicamente en el presente. Babette y Roland "están del otro lado, protegidos por el rompeolas del tiempo..." (39), aunque Michelle, a pesar de su miedo, participa pasivamente aceptando como un destino el desenlace: "Pierre, Pierre,... dice su nombre y lo está esperando, lo mira y tiembla como de felicidad o de vergüenza, como la perra delatora que es..." (40).

Dentro del juego de espejos desarrollado por Cortázar, nos encontramos con el espejo que le devuelve la sonrisa a Pierre obligándolo a recomponer el rostro. La sensación de que Pierre es una máscara, un individuo que finge ser lo que no es, se hace patente. El personaje vive su doble mundo y envuelto en un lenguaje amoroso falso hacia su compañera, busca repetir el pasado, lo que él llama "el encuentro verdadero".

Pierre se desdobla fácilmente, se ve a sí mismo desde fuera, ve a Xavier que lo está viendo, ve la imagen de Xavier en un espejo, la nuca de Xavier, se ve a sí mismo hablando para Xavier y piensa de sí mismo en plural, como si tuviera dos *yos* y se dirigiera a ambos, que habitan dos mundos diferentes. Su *yo* está dividido, vive en dos mundos que se sobreponen continuamente y que finalmente coinciden en un mismo final. Los espejos observan a lo largo de la narración los acontecimientos.

En esta historia aparecen numerosas alusiones a este juego de reflejos. A Michelle le cuesta trabajo reconocer a Pierre porque su cara cambia ante el espejo; él se ve a sí mismo, en otro momento, en el reflejo y se arregla la camisa, se sonríe, y vuelve a sonreírse en otra oportunidad. De la misma manera el personaje ve a Bobby, el perro, reflejándose en el espejo y éste se ve también a sí mismo. El espejo para Armando Pereira "es la imposibilidad de la realización del deseo... porque el deseo escribe el cuerpo de su imagen, porque hace de la carnalidad del cuerpo una sustancia ilusoria" (41).

Los dos mundos se identifican y se funden finalmente en uno solo (el presente en el pasado, o el pasado en el presente) y esto ocurre en el momento de la violación de Michelle: "El sujeto se adelanta en un espejismo a la maduración de su poder" (42).

De acuerdo con Lacan, en el estadio del espejo se forma la función del *yo*; este estadío, que ocurre en los primeros meses de vida, puede verse como una identificación, en donde el sujeto asume una imagen (imago) que tiene como función establecer una relación entre él y su realidad. Aparentemente, Pierre busca esa identificación, ese *yo* en su imagen en el espejo, donde se mira continuamente. Su *yo*, Pierre en el presente, se encuentra perturbado por otro *yo*, el del soldado alemán violador, del pasado. Desde el inicio de la narración su búsqueda es continua. Finalmente, encuentra su identidad en un soldado nazi que viola a una jovencita.

Para Fromm, en este mundo que hemos desarrollado, el individuo se siente insignificante ante el poder abrumador del mundo exterior. Para que este mundo deje de ser tan amenazante, el hombre debe renunciar a su integridad individual o tratar de destruir a los demás. Otra manera de superar su infinita pequeñez en un mundo que él no maneja y que difícilmente comprende, es dejando de ser él mismo, adoptando el tipo de personalidad que le proporcionan las pautas culturales, y transformándose en un ser exactamente igual a todo el mundo y tal como los demás esperan que él sea. "La persona que se despoja de su *yo* individual se transforma en un autómata, idéntico a los millones de otros autómatas que lo circundan; ya no tiene que sentirse solo y angustiado. Sin embargo, el precio que paga por ello es muy alto: nada menos que la pérdida de su personalidad" (43).

Pierre, como soldado nazi, ha tenido que abandonar la independencia del *yo* individual propio, para fundirse con una fuerza exterior, superior a sí mismo, el nazismo. De esta manera, asume que adquiere la fuerza de que su *yo* individual carece. Sus sentimientos de inferioridad, de impotencia, su insignificancia individual, forman parte de una tendencia masoquista cuyo objetivo es "librarse del *yo* individual, perderse: librarse de la pesada carga de la libertad" (44). La anulación de su *yo* individual es un intento por sobreponerse a su sentimiento de impotencia. En su afán de liberarse de la angustia que todo esto representa para él, trata de integrarse a una fuerza más grande y poderosa, una entidad superior que lo asimile. Pierde así su integridad y su libertad. No tiene ya que tomar decisiones, no tiene que asumir la responsabilidad por el destino del *yo*, ni tiene que afrontar la angustia que acompaña la duda. El individuo ya no duda, ya que todo debe decidirse desde el poder al cual él se somete pasivamente. De esta manera adquiere el orgullo y los valores del discurso de los poderosos. Deja de ser cobarde, sumiso e indeciso y se vuelve un individuo valiente, orgulloso, capaz de entregar su vida por la causa que él, ahora, ya representa.

"Me acuerdo de su cara cuando lo sacamos del auto en pleno bosque, se dio cuenta inmediatamente de que estaba liquidado. Era valiente, eso sí", dice Roland, recordando el momento cuando el soldado nazi fue asesinado. "Si, era un cochino... El ario puro" (45), recuerda Babette.

La ideología nazi, que se caracterizaba por exigir una obediencia ciega al líder, su odio a las minorías raciales y políticas, su necesidad de conquista y dominación y su exaltación del pueblo alemán y la raza pura (fomentando el narcisismo de grupo), ejerció una fuerte atracción sobre la juventud, convirtiendo a los jóvenes en luchadores y creyentes ciegos, estimulando su anhelo de sumisión y su apetito de poder. El soldado nazi de "Las armas secretas", representa esta ideología y su ansia de poder la lleva al extremo de la violencia, a la destrucción del otro; el instinto de muerte lo domina.

El hombre en la base de la pirámide social es sólo un instrumento, un objeto de uso para los poderosos. Los individuos, dentro de una sociedad que vive en guerra, deben ser educados en la cultura de la muerte: "Los hombres que actúan bajo orden son capaces de los actos más atroces. Cuando la fuente de la orden queda sepultada y se les obliga a volver la mirada sobre sus actos, ellos no se reconocen... No se sienten culpables, de nada se arrepienten. El acto no ha entrado en ellos" (46). La transgresión a las normas de convivencia se generaliza. Los crímenes contra la humanidad son convertidos en una empresa racional donde la aniquilación de cinco millones de personas es preferible a la aniquilación de diez millones o veinte. Para Marcuse, una civilización que justifica su defensa mediante tales cálculos proclama su propio final. Para adaptarse a esta realidad absurda, será necesario aceptar la insignificancia personal para ser capaces de sacrificar la vida propia a los intereses de un poder autoritario y asesino.

De acuerdo con Fromm, el impulso de vida y el de muerte no son independientes mutuamente, sino que son inversamente proporcionales, cuando el instinto de vida se ve frustrado, avanza el instinto de muerte, como se puede observar en la guerra.

El lenguaje tiene mucha importancia en la narración, está ligado directamente con los sucesos que se relatan, con las intenciones, con los deseos inconfesables, con el inconsciente de los personajes: "Las palabras son como bestezuelas, buscándose" (47), como Pierre buscando a Michelle. El mismo Pierre comenta: "no sé lo que digo, todo se ensucia cuando lo digo" (48), "...frases que parecen insignificantes y olvidables, hasta que después resultan el tema central de un sueño o un fantaseo" (49).

Para Lacan el fantasma es el soporte del deseo, es el que nos mueve a actuar y está relacionado con el trauma, que no nos abandona nunca, que no se deja olvidar, aunque no sepamos que lo tenemos guardado en el inconsciente. Y es ese trauma el que mueve a Pierre, el que lo empuja a actuar y no lo abandona a lo largo de la narración. El fantasma lo lleva a su destino, escrito en la experiencia del pasado. Pierre mismo se da cuenta: "No puede ser que todo sea gratuito, que un mero azar decida" (50).

Para Elsa Dehenin, Pierre "padece un malestar más difuso, una especie de psicosis que cabe dentro de los temas del *yo*, estudiados por Todorov: supone un trastorno de la relación entre el *yo* y el mundo que afecta el sistema de percepción-conciencia" (51). Para esta autora, el personaje es "invadido por palabras e imágenes que se repiten insistentemente a través del cuento: Enghien (14 veces), una bola de vidrio en un pasamanos (16), hojas secas (11), un Lied de Schumann (6) y una escopeta de dos caños (4), que constituyen unas armas secretas relacionadas con el lugar y las circunstancias en las que Michele fue violada y que irresistible e inexplicablemente se imponen a Pierre" (52).

En "Las armas secretas" y en "La noche boca arriba", la guerra provoca un cambio en el mundo interno de los personajes principales de ambas historias que viven o vivieron la violencia extrema y la muerte. En ambos, el *yo* se encuentra dividido entre dos mundos, entre dos realidades o dos sueños diferentes en los que el desenlace final es la muerte, que llega como un destino inexorable, imposible de evitar. Los actos van en el sentido de la violencia suprema, de la destrucción, y no hay nada que pueda hacerse para cambiar el final, todo está determinado de antemano. En "La noche boca abajo" el sueño es la realidad que lleva a la muerte, en "Las armas secretas" la realidad es presente y pasado, o el pasado vive en el presente y también lleva a la muerte. En ambas, el *yo* se encuentra dividido y se debate en un mundo violento, relacionado con la guerra, donde "los instintos de muerte parecen efectuar silenciosamente su labor" (53).

Para Julio Matos, las imágenes de "La noche boca arriba" (el hospital, la guerra, el cuchillo, el bisturí) representan "la casi inevitable consecuencia de organizaciones sociales en lo básico similares: de un lado, la de la casta religioso-militar de los aztecas, que hostiliza a los grupos más débiles sujetos a su dominio para satisfacer a sus crueles divinidades (consiguiendo así, al mismo tiempo, sus fines políticos); del otro, la sociedad contemporánea tecnocrática, donde el hombre, sometido a un frío maquinismo, es también víctima expiatoria de los frecuentes desajustes del engranaje" (54). De la misma manera, en "Las armas secretas" el nazismo satisface sus sueños de dominio convirtiendo en víctimas a sus soldados, al igual que a sus enemigos franceses. Se sacrifica a un sector de la sociedad en aras de un bien cuestionable, donde los únicos beneficiados son los poderosos. En ambas historias, en aras del poder, iglesia o estado, se justifica la guerra y se enfrenta al hombre con sus hermanos, con la pesadilla de la violencia y la muerte.

Podemos concluir junto con Teresa Santiago: "la única guerra justa es la que nunca se emprende" (55).

9. El deseo de desobedecer

"Grafitti", "Apocalipsis de Solentiname", "Satarsa"

> Y uno termina forastero en el mundo,
> Muerto a campo traviesa.
>
> Roque Dalton (1)

A partir de la década de los sesenta, Cortázar refleja en su obra su compromiso político con las causas latinoamericanas. Este compromiso, que marca la vida y la obra del escritor, se hace patente en algunos de sus cuentos. Por lo tanto, consideramos que es preciso abordar este tema, desde la perspectiva de la transgresión, para poder profundizar en todas las facetas del autor.

Freud considera que la psicología individual es al mismo tiempo psicología social; por lo tanto, pensamos que es necesario examinar, dentro de la obra del escritor, cuentos con contenido social y político para complementar el estudio psicoanalítico que presentamos en este trabajo.

La represión dentro del individuo es ejercida por el *yo* y el *superyó*, que impiden la aparición en la conciencia de ideas moralmente inaceptables. A su vez, son las fuerzas coercitivas del estado las encargadas de la represión de los ciudadanos. En ambos casos, el resultado es la sumisión del hombre a una fuerza superior que lo domina.

El estado en muchas ocasiones viola los derechos humanos del individuo y atenta contra su libertad e integridad. El acto de rebelión en contra de estos gobiernos opresores infringe las normas establecidas por los poderosos. Para unos, la transgresión va en el sentido de imponer la sumisión y la desigualdad; para los otros, es la búsqueda de libertad y justicia. El afán de poder, al igual que la sumisión o rebelión contra éste, pueden entenderse mediante los conceptos de la teoría psicoanalítica.

¿A qué impulsos responde el hombre cuando trata de imponerse, someter y explotar a los más débiles? ¿Puede la literatura crear conciencia y propiciar un cambio social? ¿Hasta qué punto cuentos como "Grafitti", "Apocalipsis de Solentiname" y "Satarsa", que denuncian la situación política de América Latina en el siglo XX, pueden ayudar a transformar la realidad? ¿El escritor debe integrar, en el momento de la creación, el contexto histórico o la literatura debe ser ajena a los procesos políticos y sociales? Todas estas preguntas y más nos asaltan cuando nos enfrentamos a una realidad difícil y a una obra rica en propuestas, como es la de Julio Cortázar.

El afán de poder desmedido está fuertemente asociado al sadismo. Como ya vimos, éste es un impulso destructivo dirigido sobre otras personas. La satisfacción del sadismo se acompaña de un placer narcisista que ofrece al *yo* la realización de sus deseos de omnipotencia. El individuo sádico se identifica con el fuerte, con el poderoso. Su identificación lo lleva a someterse al líder, al estado autoritario. Así, como parte de las instancias del poder al que sirve, podrá someter a otras personas y ejercer su sadismo.

En el fascismo, el líder se siente superior a la masa y tiene derechos absolutos sobre ésta. Su necesidad de poder lo lleva a despreciar la vida de aquellos que él considera inferiores. Sólo los intereses de la clase poderosa son importantes y el pueblo debe aprender a sacrificarse en aras de estos intereses superiores.

Los individuos deben estar dispuestos a la autonegación y a la sumisión total; esta simbiosis sadomasoquista les proporciona un sentimiento de fuerza e identidad. Una amenaza a la autoridad representa una amenaza a su "carácter autoritario", una amenaza a sí mismo. Este individuo, ante una situación que siente amenazante, luchará para mantener la estructura social como el sistema requiere. En estas condiciones, la libertad y la justicia se ven seriamente amenazadas.

La preocupación más importante para el débil, para el masoquista, será la de encontrar a quién obedecer, a quién entregarle su libertad y su conciencia, ante quién inclinarse. La búsqueda de una idea en la que crean todos, la necesidad de comunión en el acatamiento ayuda a convencer, en la sumisión, al individuo que acepta su integración al rebaño. Esta sensación de pertenecer le da un sentido a la renuncia de su libertad.

En "Psicología de las masas", Freud hace un estudio del comportamiento del individuo dentro de la masa y apunta que los elementos que la conforman tendrán la impresión de un poder ilimitado y serán capaces de realizar o aprobar cosas de las que se alejarían en condiciones normales. Estos sujetos, que están dispuestos a someterse a un líder a costa de su independencia y libertad, a su vez, se convertirán en un instrumento del poder para someter y dominar a las masas. De acuerdo con Fromm, tienen una "estructura de carácter autoritario", relacionada con una inclinación sadomasoquista.

La represión es el arma utilizada por el estado para imponer un poder irracional y omnipotente, que va en contra de los derechos e intereses de las mayorías. Para dominar, el estado autoritario necesita hacer uso de la fuerza utilizando a la policía y al ejército para castigar a aquellos que se rebelan en contra de la voluntad de los poderosos. La tortura y la muerte son una constante en este tipo de sistema, cuyo modo de acción queda plasmado en las palabras del Gran Inquisidor de <u>Los hermanos Karamazov</u>: "¿Quién va a dominar a las gentes, sino aquellos que dominan las conciencias de los hombres y tengan el pan en sus manos?"... "les persuadimos de que únicamente serán felices cuando renuncien a su libertad a favor nuestro y se sometan a nosotros" (2).

Se ha observado (3) que las opiniones que se manejan dentro de una sociedad sólo se convierten en convicciones cuando son compatibles con la estructura de carácter de las personas, ya que esta estructura decide qué clase de ideas elegirá un hombre y determina la fuerza de dicha ideología. Para Freud, el carácter es el destino del hombre y ese carácter puede empujarlo a la sumisión o a la rebelión.

La cohesión social y el poder administrativo de la sociedad industrializada no son capaces de eliminar la agresividad que se va acumulando. El estado utiliza la violencia institucionalizada para reprimir y el individuo puede buscar en la rebelión una forma de dar salida a su agresividad.

El mantenimiento de una actitud alerta por parte de individuos que logran mantener una visión crítica de la realidad, que no asumen la sumisión como forma de vida, que protestan y desean vivir en un mundo de libertad, representa un conflicto para una sociedad represiva.

El hombre rebelde, según Camus, sabe que tiene derecho a decir "no" y se opone al orden establecido que lo oprime; es capaz de tomar decisiones y enfrentar al amo que lo esclaviza. El esclavo es capaz de aceptar todas las humillaciones, pero en el momento de la insurrección toma conciencia y rechaza su sometimiento; aprende a decir "no", aprende a exigir que se le trate como igual y que se respete su individualidad y su integridad física y emocional. El hombre rebelde es capaz de dar su vida por cambiar la realidad opresiva en la que vive; se sacrifica en beneficio de un bien que es más relevante que su propio destino. El rebelde considera la búsqueda de un ideal más importante que su propia vida.

Erich Fromm, en El miedo a la libertad, le da todas estas características a lo que él define como "carácter revolucionario". El rebelde, para este autor, es un resentido social, cuyo único fin en la lucha es ocupar el poder; el revolucionario es el individuo que está dispuesto a morir por un ideal altruista, por liberar al mundo del tirano.

"La rebelión no nace sólo y forzosamente en el oprimido, sino que puede nacer también ante el espectáculo de la opresión de que otro es víctima. Hay, pues, en este caso una identificación con otro individuo... se trata de esa solidaridad que nace de las cadenas" (4). Y éste es el caso de Julio Cortázar que, ante el espectáculo de la injusticia y la opresión que viven los pueblos de América Latina, se solidariza con los oprimidos y perseguidos, y escribe incorporando estos temas a su literatura.

La vida de control y sumisión que nos ofrece la civilización actual provoca en algunos hombres una auto-intoxicación, debida a una impotencia prolongada. La insurrección rompe con el conformismo y la pasividad y empuja al individuo a desbordarse.

La rebelión es el acto del hombre informado que posee la conciencia de sus derechos. En la rebelión debemos encontrar nuestra realidad histórica y nuestros valores. A partir de este movimiento, el hombre tiene conciencia de ser colectivo y se suma a una aventura de todos. El rebelde reivindica un orden humano, hace conciencia de la importancia de los valores de libertad y acepta que el mal que puede experimentar un solo hombre es una experiencia colectiva que saca al individuo de su soledad. Para Camus, la conciencia nace con la rebelión: "Yo me rebelo, luego somos" (5).

El escritor puede llegar a ser un hombre que se rebela y trata de entender y analizar el mundo que padecemos. La visión crítica del narrador puede confrontarnos con la existencia de un mundo hostil, donde se espera la sumisión, donde se nos convierte en piezas de un engranaje que nos "cosifica". Cortázar se rebela ante las tiranías que cubren de oprobio a los pueblos de Latinoamérica y, después de escribir durante años textos donde estaban ausentes estos temas, a raíz de los movimientos de liberación que tienen lugar en la década de los sesenta, introduce en su narrativa los problemas políticos y sociales del continente. Así, "comienza su gran defensa y esfuerzo por conciliar una literatura 'revolucionaria-experimental' con su compromiso político, considerando que la vanguardia literaria era tan importante para la lucha de Latinoamérica como la vanguardia política" (6).

La crítica nunca será bienvenida por el poder; ya que, una visión de la realidad que ponga en evidencia las fallas del sistema, que muestre la presencia escondida de la insatisfacción y el vacío en el que vivimos, que haga patente la existencia de un mundo que no cae dentro de los patrones que los medios propagan, será rechazada.

La literatura es un medio idóneo para mostrar esa realidad que con ahínco nos tratan de ocultar. Los personajes literarios viven todas estas contradicciones y su conflicto los puede llevar a transgredir las normas y buscar un camino hacia la liberación. "El poder y sobre todo el poder degenerado en tiranía, ha temido siempre a los artistas y escritores: el poeta es la reafirmación de una libertad que es anatema para todas las tiranías" (7), y Julio Cortázar no es una excepción. Como escritor fue capaz de transgredir los límites de una manera original. En su creación existe una búsqueda en la forma y en el contenido, un cuestionamiento de lo cotidiano, una visión crítica del mundo que le tocó vivir.

Podemos decir junto con Lacan: "Las sociedades no sólo viven muy bien teniendo como referencia leyes que están lejos de soportar la instalación de una aplicación universal, sino que más bien, las sociedades prosperan por la transgresión de esas máximas" (8).

En "Grafitti", Julio Cortázar narra la relación entre dos individuos solitarios, que se comunican mediante dibujos en los muros, en una sociedad autoritaria, donde dibujar en las paredes está prohibido y el infractor se expone a recibir castigos muy severos. El autor describe el ambiente de represión de la ciudad de la siguiente manera: "Tu propio juego había empezado por aburrimiento, no era en verdad una protesta contra el estado de cosas en la ciudad, el toque de queda, la prohibición amenazante de pegar carteles o escribir en los muros" (9). El juego es un juego de vida o muerte, "de vida frente a la muerte" (10).

El acto de dibujar grafittis en la calle, que podían ser simples trazos abstractos o cualquier figura, aparentemente representaba una amenaza importante para el régimen, ya que una brigada se desplazaba continuamente por la ciudad y se ocupaba de la limpieza de las paredes: "en la ciudad ya no se sabía demasiado de qué lado estaba verdaderamente el miedo" (11). El reto era poder expresarse en contra de la autoridad sin atemorizarse. Y el miedo vivía en el rebelde que protestaba al igual que en las autoridades represivas que debían eliminar las protestas.

No era necesario expresar ideas políticas para ser acreedor a la cárcel o a "algo peor". Cuando, un día, el personaje al que el narrador se dirige en segunda persona, deja el mensaje: "A mí también me duele", la policía personalmente se encarga de borrarlo. Esta actividad continúa, la comunicación se establece entre ambos y ahora, cuando son él y ella, el miedo de la cárcel o la muerte se duplica. Donde uno hace un grafitti, el otro dibuja al lado, algún trazo, y la necesidad de descubrirse mutuamente, de observar las pinturas, los colores, le da un significado a esta forma de protesta contra la autoridad. Todos estos dibujos evocados por Cortázar remiten al pintor catalán Antoni Tapies.

Fromm hace referencia al "carácter revolucionario", como ya mencionamos, que describe como un carácter independiente, crítico, libre, humanista, que piensa y siente por sí mismo y que es capaz de decir "no". La libertad sólo existe cuando el individuo toma sus decisiones por cuenta propia, sin la presión ni la influencia de agentes externos.

Los personajes de esta historia se rebelan, desobedecen y exponen su vida al expresarse mediante sus dibujos. La cárcel, la tortura o la muerte no los intimida; su necesidad de protestar es más grande que la represión y el miedo.

"Fue un tiempo de contradicción insoportable, la decepción de encontrar un nuevo dibujo de ella junto a alguno de los tuyos y la calle vacía, y la de no encontrar nada y sentir la calle aun más vacía" (12). La necesidad de protestar se vuelve cada vez más urgente y la pareja, dos desconocidos, se dedican a trazar en los muros sus dibujos, un paisaje, un triangulo, un nombre o una boca, un círculo, una espiral.

Hay numerosas formas de transgredir las normas y en "Grafitti" es por medio de la expresión artística, de la forma, del color, del dolor. De esta manera, "se alude al contexto histórico-político que rescata la noción del juego, aspecto inequívoco de la ficción de Cortázar" (13), donde el juego estético es "un juego peligrosamente comprometido".

Para Marx, un ser no se considera a sí mismo independiente, si no es su propio amo. El individuo capaz de enfrentarse al miedo para expresar una crítica contra una sociedad injusta y que tiene la valentía de exponer su vida esperando que sus actos ayuden a la construcción de un mundo mejor, es un hombre libre. La libertad y la independencia son una necesidad para el ser social. En "Grafitti", los personajes se dan a sí mismos la libertad de actuar en contra del sistema establecido; son capaces de desobedecer al tirano ya que poseen un pensamiento libre.

Con el mensaje: "A mí también me duele", sentimos la impotencia y el sufrimiento que se vive en este ambiente de represión y autoritarismo. La gente circula como fantasmas miedosos sin atreverse a mirar los dibujos que aparecen estampados en los muros, en el paredón.

Por un acuerdo tácito, el dibujo dejado por el "tú" de la narración invita a trazar otro grafitti junto a éste. Y ella "(la imaginaste morena y silenciosa, le elegiste labios y senos, la quisiste un poco)" (14), se atreve a expresar en un grafitti una respuesta. En ese momento cae en manos de la policía y es sometida a "ese silencio que nadie se atrevía a quebrar" (15).

La soledad y el miedo se imponen y el protagonista masculino necesita un mes para atreverse a salir y volver a pintar "un grito verde, una roja llamarada de reconocimiento y de amor, envolviste tu dibujo con un óvalo que era también tu boca y la suya y la esperanza" (16). Después de un día entero, sin que las brigadas o la policía borren el mensaje, a las tres de la mañana del día siguiente, aparece otro dibujo, al lado, pequeño, y "viste el óvalo naranja y las manchas violeta de donde parecía saltar una cara tumefacta, un ojo colgando, una boca aplastada a puñetazos. Ya sé, ya sé, ¿pero qué otra cosa hubiera podido dibujarte? ¿Qué mensaje hubiera tenido sentido ahora? De alguna manera tenía que decirte adiós y a la vez pedirte que siguieras" (17). En este momento descubrimos que el narrador omnisciente es la mujer -que habla de sí misma como si fuera ajena- que en todo momento se dirige al personaje masculino y que antes de esconderse en su refugio, en la más completa oscuridad, en la muerte, valientemente le pide a él, que siga con su labor. Así, "la narradora muere por romper las leyes de un juego ajeno: el de la represión" (18).

Para Fromm, el "carácter revolucionario" está identificado con la humanidad, con la vida y, en esta narración, también con el arte. Y nos podemos cuestionar, ¿qué es la vida?: "¿Qué es mi vida? Aquello que es movido por sí mismo desde adentro. Lo que es movido desde afuera no vive" (19).

En "Grafitti", la crítica se expresa por medio del dibujo que, para ese poder irracional que impone el miedo, resulta tan amenazador como un arma, ya que aquel que se atreve a expresarse de esta manera, merece la represión, la tortura y la muerte.

Para Freud, el "ideal del *yo*" satisface todas aquellas exigencias que se plantean en la parte más elevada del hombre y esta lucha contra el autoritarismo, a la que se entregan estos personajes, es una muestra de este "ideal del *yo*" que se ha formado asimilando los valores de humanismo y respeto que han hecho posible la construcción de sociedades democráticas. La conciencia social aparece en este cuento de Cortázar, no en un grupo aislado, sino como una verdadera conciencia colectiva, donde manos anónimas van a "escribir la historia de estos años siniestros, por encima, o tal vez, a través de una escritura artística... para acceder a un nivel de significación en que una mano pueda por fin ser todas las manos" (20).

En la evolución cultural se nos presenta la lucha entre Eros y Tánatos, la pulsión de vida y la pulsión de muerte. Esta última se manifiesta en el estado autoritario que reprime y asesina a los individuos cuando osan expresarse en contra de lo establecido. Eros, la pulsión de vida, está plasmada en los protagonistas que se entregan a una lucha que se expresa en formas, colores, dibujos, tan inquietantes que hacen que el sistema tiemble. En "Grafitti", para Paredes, "Cortázar insiste brillantemente en el Eros sobre el que finca su escritura; base y meta de todas las incursiones retórico-vitales" (21). En esta historia es a través del arte, de la creación pictórica sobre el muro, que surge el deseo, el deseo del otro, el deseo de solidaridad, de justicia, de libertad, el deseo de desobedecer al tirano.

Los protagonistas valientemente se atreven a desobedecer. En este acto confirman su libertad de pensamiento y acción, en contraste con aquellos otros que aceptan los designios de los poderosos y se someten de manera voluntaria sin cuestionar las normas impuestas.

"Has de saber que ahora, precisamente hoy, estos hombres están más plenamente convencidos que nunca de que son libres por completo, pese a que ellos mismos nos han traído su libertad y la han depositado sumisamente a nuestros pies. Pero esto lo hemos hecho nosotros", declara el Gran Inquisidor de Dostoievski (22). El hombre educado para acatar las reglas sin cuestionarlas, no añora la libertad, porque le teme; es más fácil obedecer sin pensar que aceptar la responsabilidad de decidir. Sin embargo, "¿cómo puede hablarse de libertad, si la obediencia se compra con pan?". El hombre débil será capaz de aceptar la esclavitud mientras asegure el pan en su mesa. La pregunta para ellos será: "¿ante quién inclinarnos?"

La historia humana empezó por un acto de desobediencia, de rebelión. Así, el hombre adquirió conciencia de sí mismo cuando se atrevió a desobedecer. Cortázar se rebela contra los tiranos latinoamericanos incorporando la realidad histórico-política de esta época negra a su narrativa, dando como resultado la "confluencia entre la creación literaria y la denuncia, sin que ni una ni otra pierda, en dicha confluencia. Cortázar logra mantener ese equilibrio de la tensión sostenida entre 'el arte y la vida',... justamente apelando a aquellos recursos literarios de los que en algún momento se valió para expresar lo inexpresable, la dimensión inexplorada de la realidad" (23).

En "Grafitti", Cortázar nos relata las vicisitudes de los protagonistas en una ciudad sin nombre que vive sumergida en el miedo. En "Apocalipsis de Solentiname" (escrita en 1976, después de visitar de manera clandestina la aldea de Solentiname en Nicaragua) la ciudad tiene un nombre y muchos nombres: Solentiname, y muestra lo que ocurría en casi toda América Latina.

Para Freud, el instinto agresivo no es una consecuencia de la propiedad privada, del deseo de posesión de riquezas del hombre, ya que regía desde épocas primitivas cuando la propiedad entre los individuos era escasa y pobre. Sin embargo, este investigador acepta que la posesión privada de bienes concede a unos el poder y la tentación de abusar y someter a los otros. Los excluidos, por tanto, tienden a sublevarse contra sus opresores y en estos cuentos nos encontramos con este tipo de personajes, que se levantan contra el poder represor.

Al igual que "Segunda vez", "Apocalipsis de Solentiname" fue censurado por la junta militar argentina, por describir hechos que sucedían de manera cotidiana en muchos países de centro y sur América. Además, este cuento resultó profético, ya que un año después, las tropas del dictador Somoza destruyeron esa comunidad cristiana, que estaba dirigida por Ernesto Cardenal.

A Solentiname llega Cortázar con varios amigos, entre ellos el poeta Cardenal, que describe en "El evangelio según Cortázar", sus impresiones de este viaje. De esta experiencia, surge esta historia. El personaje central del cuento se encuentra en este lugar de Nicaragua con una serie de pinturas, elaboradas por los campesinos del lugar, que eran "la visión primera del mundo, la mirada limpia del que describe su entorno como un canto de alabanza" (24). La inocencia de los dibujos nos refiere a un mundo no contaminado, ajeno a la corrupción del gobierno militar que en ese momento domina Nicaragua. Es el espíritu de solidaridad de un pueblo frente al afán de explotación y dominio del poder, la pulsión de vida, frente a la pulsión de muerte. Antes de partir, el autor le tomará fotos a cada uno de los cuadros, en un rollo donde también aparecen otros temas. "Contrabandista de imágenes", lo llamará Cardenal.

Como una premonición, la misa de ese domingo dirigida por Ernesto Cardenal, que tenía en este lugar su comunidad religiosa, habla del arresto de

Jesús en el huerto, "un tema que la gente de Solentiname trataba como si hablaran de ellos mismos, de la amenaza de que les cayeran en la noche o en pleno día, esa vida en permanente incertidumbre de las islas y de la tierra firme…, vida rodeada de muerte, vida de Guatemala y vida del Salvador, vida de la Argentina y de Bolivia, vida de Chile y de Santo Domingo, vida del Paraguay, vida de Brasil y de Colombia" (25).

Ya en París la película es revelada y al observar cada una de las fotografías, el autor/protagonista reconoce el momento de la misa, unos niños jugando, Solentiname. Para su sorpresa aparecen en el lugar de los cuadros de los campesinos, imágenes desgarradoras: en una foto un joven cae con un disparo en la frente, a su lado, la pistola del oficial y unas metralletas; en otra, gente amontonada mirando unos cuerpos tendidos, con los brazos abiertos y un grupo de uniformados al fondo; otra más, una muchacha boca arriba y una sombra metiéndole un cable entre las piernas. También, un grupo confuso apuntando con fusiles y pistolas a un muchacho y "aunque la foto era borrosa yo sentí y supe y vi que el muchacho era Roque Dalton, y entonces sí apreté el botón como si con eso pudiera salvarlo de la infamia de esa muerte y alcancé a ver un auto que volaba en pedazos en pleno centro de una ciudad que podía ser Buenos Aires o Sao Paulo…" (26). Muy afectado, Cortázar necesita ir al baño a llorar, a vomitar. Cuando regresa Claudine, su pareja, acaba de ver las transparencias y hace comentarios sobre los cuadros que originalmente él había fotografiado. Desconcertado, piensa preguntarle si en algún momento había visto una foto de Napoleón a caballo, pregunta que ya se había hecho al principio del relato: "qué pasaría si alguna vez después de una foto de familia el papelito celeste de la nada empezara a llenarse con Napoleón a caballo" (27). Esta idea es la base sobre la que descansa este relato fantástico.

El temor que se vive en este mundo pequeño y frágil de la isla nicaragüense, se ve plasmado en la nube de uno de los cuadros: "un cielo tan lleno de estrellas que la única nube quedaba como humillada en un ángulo, apretándose contra la varilla del cuadro, saliéndose ya de la tela de puro miedo" (28).

En este cuento, sólo el narrador/escritor, personificación de Cortázar, puede observar las fotografías de la represión militar. Sólo al artista, que está en proceso de concientización, se le revelará esta realidad escondida, a través de la conjunción de todos los sentidos que llegan a las zonas profundas del entendimiento y de la percepción. En ese "viaje a la conciencia profunda" (29), se logra rescatar lo que no es fácilmente visible. Claudine recibe en la pantalla sólo las imágenes de las pinturas elaboradas por los campesinos de la comunidad de Solentiname con su ambiente rural lleno de frescura e inocencia.

Como podemos ver, la visión del artista va más allá: donde su mujer ve tranquilidad y belleza, él alcanza a percibir el desgarramiento de una sociedad injusta acosada por la represión y la muerte. Como escritor a él se le revela una realidad que otros no alcanzan a percibir. Así, este "contrabandista de imágenes" mira lo que otros no pueden. Su dimensión artística le permite apreciar con otros ojos el mundo que le rodea. Su encuentro con esta sociedad autoritaria, la Nicaragua de Somoza, lo empuja a comprometerse. En una sociedad donde se vive un conformismo generalizado, su postura es la de un anticonformista; no puede aceptar la realidad sin denunciarla, ya que esto lo haría traicionarse a sí mismo. Él es autónomo en la imaginación y debe ser congruente consigo mismo y adoptar "una actitud ética y solidaria por la víctima que, por una u otra razón, queda al margen o derrotada en la vida" (30).

Cortázar experimenta un cambio interno a raíz de la revolución cubana. Para Ignacio Solares, la militancia política de este autor se debía a un oscuro sentimiento religioso, a su sensibilidad y a un hondo sentimiento de culpa. Mario Goloboff nos transmite las palabras del escritor: "Entonces, cuando los cubanos me invitaron a ir como jurado del Premio de la Casa de las Américas, recuerdo muy bien la impresión que me hizo. Es curioso: tuve la sensación de que golpeaban a mi puerta, una especie de llamada" (31). "Cuba ha sido mi camino de Damasco" (32), declara Cortázar. Para Solares el proceso tuvo las características de una conversión. En 1970 es invitado a la toma de posesión, como presidente de Chile, de Salvador Allende. A partir de esa época, aparece en su obra una preocupación social y política, como podemos ver en "Grafitti" publicada en 1980, en "Apocalipsis de Solentiname", publicada en 1977 y en "Satarsa", de 1982.

En todos estos cuentos podemos apreciar el grado de compromiso de Julio Cortázar con los problemas de su tiempo. El autor, para denunciar las atrocidades que ocurrían en América Latina, privilegia el tema sobre la técnica y su arte se humaniza al incorporar sus preocupaciones políticas. Dicha politización no resta "connotaciones universales al mensaje, sino que Cortázar utiliza ahora lo inmediato como metáfora de esos valores. Tampoco le resta intencionalidad estética que es precisamente el efecto universal de las formas narrativas" (33). Su literatura denuncia la injusticia y el autor se vuelve un inconformista y propone un mundo donde se privilegie lo verdaderamente humano.

Al igual que en "Las babas del diablo", donde una fotografía es la puerta de entrada a un mundo enfermo, en Solentiname, una serie de fotografías despiertan al lector y al personaje-narrador, Cortázar, a una realidad violenta, a ser testigos del crimen perpetrado por los gobiernos de la región contra los campesinos americanos. Cortázar nos enseña a mirar de otra manera. Sus cuentos "son capaces de actuar en el lector como una especie de apertura, de explosión de energía espiritual que quiebra sus propios límites, que proyecta su sensibilidad e inteligencia hacia… una realidad más vasta que la simple anécdota que narra" (34). Como latinoamericano, el autor vive la injusticia, la tortura y la muerte que exhiben sin pudor las fotografías ocultas de Solentiname y nos hace partícipes a nosotros, los lectores, de su sufrimiento. El artista es testigo de un momento histórico y en su narración nos empuja a definirnos moralmente. Como autor él se compromete y espera lo mismo de nosotros.

En este cuento lo fantástico ya no es una propuesta estética, como en otras narraciones del autor; aquí, lo fantástico "está lejos de ser una fuerza liberadora de lo racional, y por el contrario, es una manera poética de expresar la opresión de una realidad éticamente intolerable, así como también es una manera poética de expresar lo racionalmente posible: la invasión del horror de la Historia en la vida y la conciencia de muchos" (35).

En "Apocalipsis de Solentiname" no sólo se denuncia la represión, la crueldad y la muerte que en ese momento sembraban los gobiernos militares en América Latina, también aparece una crítica al asesinato del poeta salvadoreño Roque Dalton, que fue ejecutado por sus propios compañeros de armas, acusado de pertenecer a la CIA. Este crimen, años más tarde trató de justificarse como "un error de juicio".

Julio Cortázar, como ya dijimos, llegó en la década de los sesenta a la militancia política; antes, su interés había sido ajeno a las luchas reivindicativas de los pueblos latinoamericanos. El autor reconoce, "quise renunciar a toda invención y ponerme dentro de mi propio terreno personal, es decir, mirarme un poco a mí mismo. Y mirarme a mí mismo era mirar al hombre, mirar también a mi prójimo. Yo había mirado muy poco el género humano hasta que escribí 'El perseguidor'" (36). Ante su nueva visión de la realidad, Cortázar considera al socialismo como una posibilidad humana que debe renovarse e inventarse constantemente. Congruente con su ideología, el autor plasma el momento histórico en sus cuentos de esta época.

A pesar del juicio al poeta Heberto Padilla en Cuba, detenido por participar en actividades consideradas contrarrevolucionarias, como era la crítica a los planteamientos de la Revolución Cubana, el autor continuó apoyando y defendiendo al régimen de Fidel Castro, en un momento en que muchos intelectuales le daban la espalda: "Y fui a Cuba... porque me bastó un mes ahí y ver, simplemente ver, nada más que dar la vuelta a la isla y mirar y hablar con la gente, para comprender que estaba viviendo una experiencia extraordinaria, y eso me comprometió para siempre, con ellos y con el camino que luego fueron siguiendo" (37). .

En "Apocalipsis de Solentiname", pregunta Cortázar: "¿te parece que el escritor tiene que estar comprometido?" (38). Cuando las fotos que reseña el autor son de hombres muertos, mujeres torturadas, pueblos arrasados por los militares, la respuesta que nos da la narración es de un rotundo sí. Los lectores de su obra, a su vez, deben tener "una lúcida conciencia de las responsabilidades de todo ciudadano engagé, ético del mundo" (39). El autor, en su narrativa, abre una ventana donde el lector pueda asomarse y descubrir una realidad que se nos quiere ocultar. En palabras de Cortázar: "es la historia la que me fuerza, la que invade mi casa, la que toma mi casa. Es la historia la que se me mete en mi casa y va destruyendo, cada día destruye un pedacito más, de ese 'verdadero paraíso de mis amores infantiles' en el sentido de ser un poeta o un escritor que vivía en una especie de infancia literaria, de paraíso literario, desprovisto de preocupaciones políticas. La historia se ha metido íntegramente en mi casa. Entonces, es obvio que si tengo la responsabilidad que creo tener eso tiene que acusarse, tiene que manifestarse en mi trabajo" (40), y es en cuentos como éste donde se hace evidente su responsabilidad. Cortázar, así, emprende un diálogo con el lector, de tal manera que éste se impacte ante el testimonio, casi periodístico, que nos narra. La unión entre el cuentista y el lector se da desde la narración y no por medio de ésta.

El estilo de Cortázar, que antes jugaba con la alusión y la ambigüedad, se vuelve explícito en lo que respecta a la violencia desatada por los regímenes militares. "En la medida en que la ruptura está marcada por la temática de la represión y la representación de la violencia en la ficción cortazariana, considerar la trayectoria política e intelectual del autor nos da la dimensión del cambio en Cortázar, y más aún la dimensión de la violencia en América Latina" (41).

Julio Cortázar en "Lejana" jugaba con el anagrama Alina Reyes es la reina y..., en "Satarsa" juega con el palíndromo, al que considera "un espejo que miente y al mismo tiempo dice la verdad" (42). En "Lejana" nos relata un drama personal, en "Satarsa" un drama social.

En "Satarsa", un grupo de hombres ha tenido que huir de las continuas masacres y el hambre, refugiándose en Calagasta, un lugar donde los habitantes aprenden a vivir de cazar y vender ratas gigantes a los europeos. Como en la historia de Caín y Abel ("Raza de Caín, repta y muere miserablemente en el fango... arrastra a tu familia desesperada a lo largo de los caminos... hasta que las ratas devoren a tus hijos") (43), los militares encargados de la represión matan a sus hermanos. Estar vivo, después de haber huido de la masacre, convierte a esos hombres en culpables. Al final del relato, los protagonistas, que capturan ratas para su venta, se enfrentan a las verdaderas ratas: "las ratas han llegado al rancho y han tenido todo el tiempo que necesitaban para hacer lo que habrán hecho, para esperarlo como lo están esperando, tirando una ráfaga tras otra, mandando y obedeciendo..., saber que ése que grita instrucciones es Satarsa y todos los otros son Satarsa..." (44).

Para Nietzsche las diferencias entre los hombres los convierten en opositores. El otro es ajeno, es un extraño y en las relaciones entre ambos no queda otra alternativa que la de dominar al otro o dejarse dominar, mandar u obedecer, recibir órdenes o darlas. Para este autor, "es la sociedad humana un ensayo:... busca al que haya de mandar, al hombre de mando" (45). Sin embargo, esta afirmación describe al individuo masoquista que necesita someterse de manera pasiva al otro, buscando la anulación de su *yo* individual para lograr sobreponerse a una sensación intolerable de impotencia. La aspiración de convertirse en un integrante de una entidad más grande y poderosa -el Estado, el líder, la religión, etc.- que le de seguridad, es a costa de su libertad e integridad. La conexión con el poder le da significado a su vida. Ahora, él es parte de este poder y puede someter a sus semejantes. El placer del dominio sobre otra persona es la esencia del impulso sádico. Así, el individuo puede ser a la vez sádico y masoquista.

Nietzsche divide al hombre en débil y fuerte y considera a este último como el "hombre de mando", que piensa que los que están abajo en una sociedad jerárquica deben aceptar la posición de privilegio de los poderosos. La oposición entre el amo y el siervo, los fuertes y los débiles, hace imposible, de acuerdo con este filósofo, la igualdad humana.

Satarsa, el rey de las ratas, se asume a sí mismo como el representante del poder, como el "hombre de mando" que tiene el derecho de someter y matar a los que considera inferiores, que son todos aquellos que no están en una posición social de privilegio. Y Lozano sabe reconocerlo. El enfrentamiento se da y el protagonista dispara perdigones a la cara del militar que cae hacia atrás con los ojos y la boca reventada. Lozano sigue tirando hasta que la ametralladora de Satarsa elimina el sonido de la escopeta y a Lozano, que cae entre las espinas que se le hunden en la cara y en los ojos abiertos. La muerte, como en los cuentos anteriores, es el único camino posible para aquellos que osan rebelarse. Sin embargo, siempre habrá nuevos valientes, que se atrevan a desafiar al poder.

A pesar de que el deseo de libertad puede ser reprimido y desaparecer de la conciencia del individuo, no será eliminado totalmente, siempre estará listo a surgir cuando las condiciones de opresión sean insostenibles, como ocurrió con este grupo de exiliados argentinos, que huyeron de los militares y se refugiaron en Calagasta.

La tendencia hacia la justicia y la verdad es parte de la naturaleza humana aun cuando esta tendencia pueda ser reprimida. Para Fromm, "la única vía que puede seguirse para explicar (las) tendencias (del hombre) hacia la justicia y la verdad, es la de analizar toda la historia social e individual del hombre. Descubrimos así que, para quien carece de poder, la justicia y la verdad constituyen las armas más importantes en la lucha dirigida a lograr la libertad" (46).

En el mundo pesadillesco de "Satarsa", los personajes se enfrentan a la represión militar: "A eso habremos llegado, tener que cambiar ratas por la libertad", dice uno de los perseguidos. "Peor son ellos que cambian la libertad por ratas" (47).

Para Fromm, como ya dijimos anteriormente, el "carácter revolucionario" se hace patente en aquellos hombres que son capaces de dar su vida por sus ideales. Estos hombres se levantarán en contra de los opresores. El espíritu de la rebelión no nacerá sólo en el oprimido, también puede nacer ante el espectáculo de la opresión de los otros.

Este "carácter revolucionario" lo encontramos en "Apocalipsis en Solentiname", en "Grafitti" y en "Satarsa". En todas estas historias la lucha contra la injusticia enfrenta a los personajes con la persecución y la muerte. Todos se rebelan, todos son transgresores de las reglas impuestas por el poder y todos son capaces de entregar su vida por una causa que consideran justa.

Los individuos sometidos por siglos al hambre y a la injusticia buscan la manera de liberarse de sus opresores. "Porque los esclavos son innumerables y están en todas partes, y en realidad no tienen nada que perder excepto sus cadenas" (48). Sin embargo, cualquier victoria de los desheredados en su lucha contra la dominación, en cualquier lugar del mundo, despertaría la conciencia de otros pueblos sojuzgados que tomarían el ejemplo. La eliminación de todo vestigio de rebelión es, para el poder, una prioridad. "Por lo tanto, dejemos que todos aquellos que puedan hacerlo, castiguen, maten y hieran abierta o secretamente, pues debemos recordar que nada puede ser más venenoso, perjudicial o diabólico que un rebelde" (49).

- "Atar a la rata no es más que atar a la rata -dice Lozano-. No tiene ninguna fuerza porque no te enseña nada nuevo y porque además nadie puede atar a una rata. Te quedás como al principio, esa es la joda con los palíndromas…

-Pero si lo pensás en el plural todo cambia. Atar a las ratas no es lo mismo que atar a la rata…

-…ya no es el espejo o es un espejo diferente.

-…atar a las ratas te da Satarsa la rata" (50).

Sin embargo, Ylla se da cuenta de que no se puede atar a las ratas, ni a los roedores enormes que pueblan las cuevas de Calagasta, ni a los militares que llegan al rancho de Lozano y asesinan primero a Laura, la esposa, y Laurita la hija, para terminar asesinando a los hombres que llegan con su cargamento de ratas. Las ratas humanas y animales se confunden, ambas son crueles, voraces, asesinas.

Dentro de la cueva los roedores esperan y se enfrentan con Lozano: "…se oyen los chillidos en la cueva… resbalan como víboras buscando evitar las jaulas… Un río de ratas sale como un vómito rojizo… siguen saliendo montadas las unas sobre las otras, destrozándose a dentelladas… las más enormes salen al final, ya no parecen ratas…" (51).

En el rancho, los militares esperan y se enfrentan con Lozano y sus compañeros de exilio: "Oyen las voces, una que manda a gritos, el silencio y la nueva ráfaga, los chicotazos en la maleza…, les sobran balas a los hijos de puta, van a tirar hasta cansarse." (52).

Finalmente, se da el enfrentamiento: …"porque ahora sí son las ratas, Lozano las está viendo antes de sumirse en la maleza, de la carreta llegan los chillidos cada vez más rabiosos, pero las otras ratas no están ahí, las otras ratas le cierran el camino entre la maleza y el rancho…, para esperarlo… tirando una ráfaga tras otra, mandando y obedeciendo…" (53). Estas ratas son aquellas que fueron entrenadas en "La escuela de noche" y que recitaban absortas el decálogo: "Del orden emana la fuerza y de la fuerza emana el orden. Obedece para mandar y manda para obedecer" (54).

El nombrar a Satarsa "equivale a desatar al rey de las ratas" (55). Por esta razón, la irrupción del nombre de Satarsa en el texto coincide con la presencia de los militares en Calagasta. "Basta nombrar la realidad para revelar sus engranajes secretos y mortales, que una vez puestos en movimiento nada puede exorcizar, ni siquiera otra palabra" (56).

Para Freud, el hombre tiene una gran disposición al odio y una gran agresividad hacia el "otro". Los sentimientos de repulsión y aversión que surgen sin disfraz contra personas extrañas son la expresión de su narcisismo. La aversión se hace más difícil de dominar cuanto mayores son las diferencias entre los hombres: ricos y pobres, fuerte y débiles, poderosos y oprimidos, blancos y negros, etc. En esta historia el odio de los poderosos contra el pueblo está simbolizado por una rata.

El relato está armado como un palíndromo: los exiliados argentinos cazan ratas para sobrevivir y terminan siendo cazados por las ratas del ejército. "Reflexión invertida de la misma operación que como todo buen palíndroma (sic) descubre un significado oculto: las ratas que hay que temer no son los roedores, sino los militares, Satarsa, esas ratas que bajo su apariencia humana ocultan una ferocidad salvaje. El juego del palíndroma (sic) literario cede al juego de la conducta humana; el segundo destruye al primero; las ratas de la ficción entran en el territorio de la historia para descubrir su madriguera, Satarsa, el verdadero enemigo del hombre" (57).

Satarsa es una imagen complementaria de la rata, como Alina lo es de Lejana. En "Satarsa" no hay un abrazo que establezca el vínculo, el puente de unión entre dos realidades, entre dos personajes que se complementan. Aquí, la unión está dada por la presencia en el mismo lugar y al mismo tiempo de ambas ratas, unas en jaulas y las otras con las ametralladoras. La narración se puede leer en ambos sentidos, como todo palíndromo (los cazadores son, a su vez, cazados) donde los militares y los roedores se unen en una sola idea.

La transgresión de las reglas impuestas por el poder, en estas historias, es castigada, y la lucha del hombre rebelde contra la tiranía, en contra del "verdadero enemigo del hombre", es justificada.

El hombre, para Rosenfield, no es más que un producto histórico, una materia informe que debe ser modelado con una nueva concepción, que tienda a destruir lo que ha llegado a ser el hombre occidental. Para tal propósito sería necesario el uso de la violencia política contra las formas existentes de la sociedad y del Estado. Como podemos ver, este autor considera, al igual que Freud, que la cultura creada por el hombre, a lo largo de la historia, debe ser transformada. La libertad restringida, la sumisión, el dominio del hombre por otros hombres son los pilares sobre los que descansa nuestra civilización.

La transgresión de las reglas que le dan cohesión a la sociedad, no es necesariamente mala, ya que, en muchas ocasiones produce transformaciones gracias a las cuales el hombre adquiere nuevos derechos. Así, el acto de no respetar una norma política puede ser a la vez ilegal y legítimo.

El empleo de la violencia legal al servicio del Estado, en contra de los que se rebelan contra el orden establecido, es, en muchos casos cuestionable, ya que, a lo largo de la historia podemos observar numerosos ejemplos donde estos actos de rebeldía, de transgresión, han sido relevantes para la transformación de las sociedades y de los principios sobre los que éstas se fundan. Por lo tanto, una insubordinación puede ser un acto de justicia en una sociedad donde los poderosos desean mantener sus privilegios en contra de los intereses de la mayoría. Estos esfuerzos de romper un orden injusto establecido, se puede encontrar con la represión, o puede encontrar un cauce que logre cambios favorables para todos.

Como podemos ver, el acto de transgresión en sí no puede ser calificado de "bueno" o "malo", depende de la perspectiva en la que uno se coloca. Para el que pierde sus privilegios, la transgresión es reprobable y merece la represión; para el grupo sometido a un poder tiránico, la transgresión, no sólo es un bien, es además una necesidad. De hecho, la gran mayoría de los cambios a favor de los menos favorecidos, han sido logrados gracias al uso de la fuerza, a la transgresión de las reglas.

La mayor libertad adquirida por las mujeres ha sido lograda gracias a actos de rebeldía. Los cambios en el comportamiento dentro de una sociedad, que en un principio disgustaban a la mayoría de los participantes del grupo, en muchos casos, han sido debidos a actos de transgresión por parte de algunos individuos, que con su postura rebelde logran obtener una mayor libertad para todos los individuos de la colectividad. Estos individuos, que en un principio merecían la reprobación, a la larga conquistan el reconocimiento social.

Estos cuentos nos plantean la necesidad de definir la función del artista. ¿El escritor debe ser testigo de su tiempo o debe mantenerse al margen de los sucesos políticos? Este cuestionamiento implica una definición moral que Cortázar, con "Grafitti", "Apocalipsis de Solentiname" y "Satarsa" asume integrando la historia a su narrativa, con una postura comprometida a favor de la justicia y la libertad.

Para Julio Cortázar, "llega el momento en que se descubre una verdad tan sencilla como maravillosa: la de que salvarse solo no es salvarse, o en todo caso no nos justifica como hombres" (58). Como autor, su responsabilidad se da en dos niveles: en la creación artística y en la conducta personal. En un nivel, el narrador debe mostrar la realidad y comprometerse con una postura ética, en el otro, debe levantar su voz en contra de la opresión y la explotación del hombre por el hombre. La neutralidad, para él, no es una opción, el escritor debe tomar conciencia y ayudar a que los lectores se comprometan con los acontecimientos que se narran.

El autor expresa: "el descubrimiento del prójimo y, por extensión, descubrimiento de una humanidad humillada, ofendida, alienada, ese abrirme de pronto a una serie de cosas que para mí hasta entonces no habían pasado de ser simples telegramas de prensa: la guerra de Vietnam, el Tercer Mundo, y que me había conducido a una especie de indignación meramente intelectual, sin ninguna consecuencia práctica, desemboca en un momento dado en un decirme: 'bueno, hay que hacer algo" y tratar de hacerlo' (59).

Cada uno debe librar su propia batalla para ser congruente con lo que cree. Julio Cortázar actúa como un hombre revolucionario, un transgresor: "No me hago ilusiones sobre la eficacia de la literatura, pero tampoco creo que sea inútil... Hay quien dice que lo único que cuenta es el lenguaje de las ametralladoras. Yo te voy a repetir... cada uno tiene sus ametralladoras específicas, la mía por el momento es la literatura" (60).

10. Conclusiones y discusión

> Por lo menos en la vida mental, las aventuras deberían ser llevadas a término.
>
> Norman O. Brown (1)

Julio Cortázar, a través de sus cuentos, nos transmite una serie de preocupaciones y temas reiterativos. Sus vivencias, su percepción personal de la realidad, sus sueños y pesadillas, se ven plasmados en el papel dando una obra enigmática y ambigua que invita al cuestionamiento de la realidad.

Una constante en la obra es la presencia de fuerzas invasoras que alteran la vida de los personajes. Ante éstas, sólo es posible la sumisión o la huida, que en muchos casos lleva a la muerte. El enfrentamiento nunca es una posibilidad.

El doble, el "otro", lo siniestro, suele ser el invasor a vencer y, ante éste, la batalla está perdida de antemano. El doble funciona como un espejo que refleja una realidad cruel, difícil, ajena, hostil. Ya sea en "Lejana", en "Axolotl", en "La noche boca arriba" o el reflejo de Pierre en "Las armas secretas", el otro mundo que se plantea es más perturbador que la realidad sin expectativas en la que los personajes están inmersos. Ante el llamado de ese "otro" el individuo indefenso acude y se pierde a sí mismo.

El puente establecido en el momento del encuentro, entre el personaje y su doble, entre el pasado y el presente, entre el sueño y la realidad, es un despertar a lo imposible que lleva a la destrucción emocional y en muchos casos al aniquilamiento.

La mirada, en muchas historias, es muy importante. Ésta se da a través de un río, de un límite de cristal, de una fotografía, de un encuentro fortuito, de un espejo. En el momento de la mirada se establece el puente que unirá a los personajes para separarlos inmediatamente. En la comunión se da el desencuentro. Éste es una constante en los cuentos de Cortázar.

Lo fantástico, en muchas historias, está dado por la supresión en el texto de los motivos emocionales y pasionales que mueven a los protagonistas.

Lo fantástico aparece a través de elementos cotidianos, un ruido, un conejito, una pordiosera, un renacuajo, unas pinturas, una rata, etc., que se erigen en símbolos de lo ominoso.

Lo que promueve la acción y echa a andar el cuento es la irrupción del elemento fantástico en la narración. Éste nunca desaparece, permanece en la historia y sigue con su acción devastadora, aun después de cerrar el libro.

En estos cuentos, los demonios interiores aparecen disfrazados. Los conflictos se sugieren y los personajes, pasivamente, los ven crecer y permiten que dirijan su vida y los destruyan. Las pulsiones se materializan y se instalan como una amenaza para la integridad de los individuos.

El Mal está presente en la mayoría de estas narraciones. Los niños ya llevan la semilla del Mal desde edades tempranas. Ellos son capaces de matar, mentir, destruir al que les estorba.

Los animales juegan un papel destacado en muchas historias. El deseo inconsciente puede estar representado por figuras de animales: un tigre, un caballo desbocado, un ente con garras, las hormigas y su ajetreo.

El entorno familiar es un mundo triste, amenazado y amenazante, opresivo, peligroso y lleno de conflictos no asumidos que invita a la pasividad. Ésta se convierte en una forma de vida.

La incomunicación, la soledad, la insatisfacción y la culpa marcan estas historias.

El ambiente es agobiante, cerrado: una casa, un departamento, un suéter, un acuario, el metro de París, una escuela, una fotografía, una cama de hospital, etc.

Los personajes no son libres, su pensamiento se encuentra cautivo ya que están predestinados por fuerzas desconocidas e indefinidas provenientes del inconsciente. Como esclavos se someten sin rebelarse. Viven sin libertad, convencidos de que no hay escapatoria posible.

Conclusiones y discusión

La represión es un elemento constante. Todo se sacrifica para no permitir que los deseos inconscientes afloren. Sin embargo, el control se llega a perder y las pulsiones se desbordan con consecuencias devastadoras.

La locura, la inserción de lo patológico en la vida cotidiana, aparece frecuentemente en estas historias. Ante la deshumanización del entorno donde habitan, los protagonistas pueden llegar al crimen. El niño de "Los venenos", la niña de "Bestiario", los fanáticos de "Queremos tanto a Glenda", Pierre en "Las armas secretas", los alumnos de "La escuela de noche", todos buscan en la violencia una respuesta que le dé sentido a la vida.

El sacrificio es un tema recurrente: el observador de la pecera, como un Mesías, da su vida por redimir a los axolotl, el narrador de "Cartas a una señorita en París" hace lo mismo para rescatar el orden del departamento, "Lejana" da su vida de comodidades para liberar de su calvario a la pordiosera, Glenda debe morir para poder reivindicar su obra, Roberto Michel en "Las babas del diablo" muere por rescatar a un joven de las garras de un pervertidor de menores, el moteca es asesinado para halagar a los dioses.

La culpa y la búsqueda de castigo es una constante en muchos cuentos: los hermanos de "Casa tomada" son arrojados fuera de la casa como castigo por sus sentimientos incestuosos; el narrador de "Cartas a una señorita en París" busca en el suicidio pagar la culpa que le provoca el desbordamiento de sus pulsiones, al igual que el personaje de "Que no se culpe a nadie". En "Manuscrito hallado en un bolsillo", la culpa aparece representada por las arañas que muerden en el momento en que el narrador accede a su deseo y el suicidio es el castigo por romper las reglas del juego. La muerte acosa desde el interior a los personajes de estas historias.

A pesar de los elementos transgresores presentes en la obra de este escritor, nos encontramos con un planteamiento de orden moral en muchos de sus cuentos. Los transgresores de las reglas morales y sociales, son castigados.

El incesto es un tema recurrente, a pesar de que el nombre del deseo no se pronuncia nunca. Éste sólo actúa como un poder avasallador que perturba la vida de los personajes.

La relación sexual, en estos cuentos, está cargada de violencia que puede llegar a la violación o al crimen. En el encuentro, el hombre siempre asume una actitud dominante, agresiva y sádica, en contraste con la mujer que presenta una actitud pasiva, sumisa y masoquista. Los hombres consideran a la mujer un objeto de uso y no son capaces de aceptar su autodeterminación. Su rechazo a los avances sexuales es considerado como producto de la educación rígida y represiva, lo que justifica que el hombre tome por la fuerza lo que le es negado.

En el colmo de la visión machista, Julio Cortázar propone en muchas de sus historias, que la mujer, después de ser violada, despierta al deseo y busca nuevamente el encuentro con su victimario. Este autor enfoca siempre el sexo desde una perspectiva siniestra donde la violación, el sadomasoquismo y la muerte están presentes.

La mujer, ante el acoso sexual del hombre, inicialmente siempre se niega, para después entregarse resignada. En la entrega se degrada a los ojos del hombre.

En el caso de la mujer soltera la violación es un estímulo para emprender la búsqueda del deseo. En contraste, la mujer casada después de la violación no despierta al deseo. Aparentemente, la mujer casada no tiene posibilidades de disfrutar su vida sexual.

Las relaciones interpersonales están marcadas por la insatisfacción y el sadomasoquismo. La imposición sádica por parte del hombre aumenta la posibilidad de goce, no sólo para él, también para ella que en la agresión sufrida despierta al deseo.

En los cuentos analizados, la homosexualidad está ligada a la corrupción, a la pedofilia, a la perversión, al Mal y al sadomasoquismo. El acoso se da entre un hombre mayor, grotesco, envilecido, esencia de la maldad, y adolescentes inocentes. El enfrentamiento con la homosexualidad lleva a la decadencia moral y a la muerte. Una mujer es la encargada de la seducción y ayuda a establecer el puente entre la víctima y el victimario. La homosexualidad femenina está cubierta con el manto de la traición y la muerte. Para este autor, la homosexualidad funciona como una enfermedad de la que es necesario ser rescatado para no ser destruido.

La represión que se da a nivel personal también se da a nivel social y resulta tan destructiva como los mecanismos internos que gobiernan a los personajes.

Cortázar, en sus narraciones, toma partido en favor del Bien, de la justicia y de la libertad. Su compromiso político se hace presente en muchos de sus cuentos, donde las instancias del poder reprimen, asesinan, desaparecen a los individuos que osan rebelarse. Su solidaridad está siempre con la víctima, excepto en la sexualidad femenina.

Conclusiones y discusión

En muchos de sus cuentos, lo fantástico está dado por la presencia depredadora e irracional del poder. La represión militar, la violencia institucionalizada, son temas que aparecen en la narrativa de este escritor. Así, se convierte en un testigo de la historia.

En muchas historias, la muerte acecha a los personajes desde su interior, desde su aparato psíquico, donde el *superyó* se hace presente y castiga con rudeza a los transgresores. En otras narraciones, la muerte acecha desde el exterior. Así, los acontecimientos históricos que sacudieron a América Latina en el siglo pasado, se ven plasmados en muchas historias donde los tiranos someten con rigor a los protagonistas. La joven de "Grafitti", los campesinos de Solentiname, los exiliados de Satarsa son castigados por desobedecer a la autoridad, que como un *superyó* social los aniquila.

La presencia de *lo real* es una constante en los cuentos de Julio Cortázar. *Lo real* se hace presente en el enfrentamiento de dos realidades diferentes, en el sueño y en la vigilia, en la paz y en la guerra, en el presente y en el pasado. El *yo* se presenta dividido entre estos dos mundos contrapuestos, cuyo camino termina en la muerte.

El azar, que funciona como una predestinación, juega un papel importante. Este azar puede llevar al enfrentamiento con una silla que se vuelca y un ahogado susurro, con un tigre, con un violador o un profesor perverso, con una pordiosera o un renacuajo en su pecera, con una rata y un tirano, etc.

En los cuentos de este autor, el orden impuesto es sólo una ilusión engañosa. La ruptura de éste provoca un reacomodo en la vida de los protagonistas, que finalmente, cuando la ruptura cesa, se reintegran a su cotidianidad aceptando de nuevo el sistema de enajenación del que partieron, sin haber aprendido nada. La insatisfacción y el hastío es una constante.

Por último, ante la irrupción de lo fantástico, la muerte es el destino final. Ella es un personaje importante que deambula por todos los cuentos de este escritor. Aparece en un tigre y en un conejito blanco, en un reflejo en el espejo y en un graffiti callejero, en un suéter y en una fotografía, en un bosque europeo y en una piedra de sacrificios. La muerte es una presencia permanente que espera con paciencia.

Julio Cortázar lleva a término todas sus aventuras intelectuales con gran maestría y rigor. El uso preciso del lenguaje, su visión personal de la realidad, su planteamiento original de lo fantástico, sus personajes predestinados ante fuerzas aterradoras que se presentan con una capa de inocencia y cotidianidad, su enfrentamiento con los tiranos, su pesimismo ante un mundo hostil y perturbador, lo llevan a escribir historias que trascienden fronteras y llegan a la esencia misma de la condición humana, dejando al relato siempre "con la última palabra en la orilla opuesta,... donde ya no está el narrador que ha soltado la burbuja de su pipa de yeso" (2).

NOTAS

1. INTRODUCCIÓN

1. Cortázar, J. Citado en Giacoman, Helmy. Homenaje a Julio Cortázar. p. 309.
2. González Bermejo, E. Conversaciones con Cortázar. p. 42.
3. Sosnowski, S. "Los ensayos de Julio Cortázar: Pasos hacia su poética". En Revista Iberoamericana. Vol. XXXIX, 84-85, 1973. p. 665.
4. Freud, S. Psicología de las masas. p. 9.
5. González Bermejo, E. Op. cit. p. 130.

2. EL DESEO SUBTERRÁNEO

1. Clancier, A. Psicoanálisis, literatura, crítica. p. 14.
2. Cortázar, J. Último Round. p. 66.
3. González Bermejo, E. Conversaciones con Cortázar. p. 29.
4. Ibid. p.84.
5. Prego, O. La fascinación de las palabras. p. 183.
6. Cortázar, J. "Situación de la novela". En Cuadernos Americanos. IX, 4, 1950. p. 223.
7. Barrientos, J. J. "Las palabras mágicas de Cortázar. En Lo lúdico y lo fantástico en la obra de Cortázar. Vol. 1, p. 61.
8. Ibid. p. 67.
9. Cortázar, J. Último round. p. 69.
10. González Bermejo, E, Opus cit. p. 13)
11. Ontañón, P. En torno a Cortázar. p. 18.
12. Freud, S. Psicoanálisis del arte. p. 10.
13. Freud, S. Introducción al narcisismo y otros ensayos. p. 47.
14. Ibid. p. 49.

15. Barrientos, J. J. "Las palabras mágicas de Cortázar". En Lo lúdico y lo fantástico en la obra de Cortázar. Vol. 1, p. 67.

16. Robert, M. Citado en Ontañón, P. En torno a Cortázar. p. 24.

17. Mauron, C. "La Psicocrítica y su método". En Tres enfoques de la literatura. p. 72.

18. Ontañón, P. "El psicoanálisis como instrumento para la crítica literaria". En Literatura y psique. p. 20.

19. Lacan, J. Seminario 2: Las psicosis. p. 95.

20. Lacan, J. Seminario 11: Los cuatro conceptos fundamentales del psicoanálisis. p.37.

21. Ibid. p.187.

22. Castro Klarén, S. "Escritura, transgresión y sujeto en la literatura latinoamericana". En Lo lúdico y lo fantástico en la obra de Cortázar. Vol. 2, p. 73.

23. Freud, S. Introducción al psicoanálisis. p. 351.

24. Cortázar, J. Los relatos. Vol. III, p. 9-10.

25. Roy, J. Julio Cortázar ante su sociedad. p. 73.

26. Cortázar, J. Op. cit. p. 7.

27. Ibid. p. 11.

28. Pereira, A. Deseo y escritura. p. 21.

29. Cortázar, J. Op. cit. p. 7.

30. Freud, S. "La represión". En Obras completas. Vol. XIV, p. 148.

31. Lacan, J. Seminario 11: Los cuatro conceptos fundamentales del psicoanálisis. p. 173.

32. Ibid. p. 63.

33. Capetillo, J. "Interpretación psicoanalítica de "Casa tomada" de Julio Cortázar". En Literatura y psique. p. 161.

34. Cortázar, J. Op. cit. p. 12.

35. Poe, E. A. Narraciones extraordinarias. p. 65.

36. Ibid. p. 69.

37. Lovecraft, H.P. El horror en la literatura, p. 56.

38. Rosenblat, M L. "La nostalgia de la unidad en el cuento fantástico: "The fall of the house of Usher" y "Casa tomada". En Los ochenta mundos de Cortázar: Ensayos. p. 206.
39. Ibid. p. 204.
40. Castro-Klarén, S. "Escritura, transgresión y sujeto en la literatura latinoamericana". En Lo lúdico y lo fantástico en la obra de Cortázar. Vol. II, p. 74.
41. Cortázar, J. Citado en Rosenblatt, Ma. Luisa. Los ochenta mundos de Julio Cortázar: Ensayos. p. 206.
42. Planeéis, A. "Casa tomada o la parábola del limbo" en Revista Iberoamericana. p. 602.
43. González, E. "Hacia Cortázar, a partir de Borges". En Revista Iberoamericana. p. 511.
44. Callois, R. Citado en Botton Burlá, Flora. Los juegos fantásticos. p. 13.
45. Callois, R. Citado en Todorov, Tzvetan, Introducción a la literatura fantástica. p. 31.
46. Ibid. p. 36.
47. Ibid. p. 29.
48. Botton Burlá, F. Op. cit. p. 14.
49. Prego, O. La fascinación de las palabras. p. 153.
50. Ibid. p. 57.
51. Ontañón, P. En torno a Cortázar. p. 16-17.
52. Cortázar, J. Los relatos. Vol. I, p. 110.
53. Picón Garfield, E. Cortázar por Cortázar. p. 69.
54. Cortázar, J. Los relatos. Vol. I, p. 110.
55. Cortázar, J. Los relatos. Vol. II, p. 76.
56. Joset, J. "Finales de 'Final de juego'". En Lo lúdico y lo fantástico en la obra de Cortázar. p. 9.
57. Cortázar, J. Los relatos. Vol. II, p. 83.
58. Cortázar, J. Los relatos. Vol. I. p. 123.
59. González Bermejo, E. Conversaciones con Julio Cortázar. p. 51.
60. Cortázar, J. Los relatos. Vol. I, p. 105.

61. Paredes, A. <u>Abismos de papel: los cuentos de Julio Cortázar</u>. p. 92.
62. Cortázar, J. <u>Los relatos</u>. Vol. I, p. 107.
63. <u>Ibid</u>. p. 108.
64. <u>Ibid</u>. p. 104.
65. Castro-Klarén, S. "De la transgresión a lo fantástico en Cortázar. En <u>Lo lúdico y lo fantástico en la obra de Cortázar</u>. Vol. II, p. 186.
66. <u>Ibid</u>. p. 99.
67. Cortázar, J. <u>Los relatos</u>. Vol. II, p. 90
68. <u>Ibid</u>. p. 99.
69. <u>Ibid</u>. p. 99.
70. <u>Ibid</u>. p. 99.
71. Castro-Klarén, S. En <u>Lo lúdico y lo fantástico en la obra de Cortázar</u>. Vol. II, p. 185.
72. Cortázar, J. <u>Los relatos</u>. Vol. I, p. 114.
73. <u>Ibid</u>. p. 114.
74. <u>Ibid</u>. p. 116.
75. Deleuze, G. <u>Presentación de Sacher-Masoch. El frío y el cruel</u>. p. 121.
76. Castro-Klarén, C. <u>Lo lúdico y lo fantástico en la obra de Cortázar</u>. Vol. II, p. 183.
77. <u>Ibid</u>. p. 184.
78. Prego, O. <u>La fascinación de las palabras: Conversaciones con Julio Cortázar</u>. p. 79-182.
79. Ontañón, P. <u>En torno a Cortázar</u>. p. 123.
80. Matas, J. "El contexto moral en algunos cuentos de Cortázar" en <u>Revista Iberoamericana</u>. p. 596.
81. Villaurrutia, X. <u>Obras: poesía, teatro, prosas varias, crítica</u>. p. 923.

3. EL DESBORDAMIENTO DE LAS PULSIONES

1. González, J. <u>Ética y libertad</u>. p. 305-306.
2. Wolman, B. <u>Introducción al conocimiento de Freud</u>. p. 19.

3. Freud, S. "Lo inconsciente" en <u>Obras completas</u>. XIV. Buenos Aires: Amorrortu. 2000.
4. Baudoin, C. <u>Psicoanálisis del arte</u>. p. 276.
5. Mauron, C. "Tres enfoques de la literatura". En <u>Tres enfoques en la literatura</u> p. 58.
6. Cortázar, J. <u>Los relatos</u>. Vol. I, p. 277.
7. Brugos, F. (Editor). <u>Los ochenta mundos de Cortázar: Ensayos</u>. p. 206.
8. Cifuentes C. "Un personaje ausente en la fantasticidad de dos relatos de Julio Cortázar". En <u>Lo lúdico y lo fantástico en la obra de Cortázar</u>. Vol. II, p. 95.
9. Cortázar, J. <u>Los relatos</u>. Vol. I, p. 278.
10. <u>Ibid</u>. p. 280.
11. Freud, S. <u>Obras completas</u>. Vol. XIV, p. 161.
12. Freud, S. <u>Obras completas</u>. XII, p. 152.
13. Freud, S. <u>El malestar en la cultura</u>. p. 65.
14. Eyzaguirre, L. "Modos de lo fantástico en cuentos de Julio Cortázar". En <u>Lo lúdico y lo fantástico en la obra de Cortázar</u>. Vol. I, p. 180.
15. Cortés Poza, A. <u>La moral en Nietzsche y Freud</u>. (Tesis) p. 61.
16. Cortázar, J. <u>Op. cit</u>. p. 279.
17. Paredes, A. "Lo fantástico en Cortázar". En <u>Revista de la UNAM</u>. p. 30.
18. Cortázar, J. <u>Los relatos</u>. Vol. I, p. 282.
19. González, E. "Hacia Cortázar a partir de Borges". En <u>Revista Iberoamericana</u>. Vol. XXXIX, 84-85, 1973. p. 513.
20. Cortázar, J. <u>Los relatos</u>. Vol. II, p. 108.
21. <u>Ibid</u>. p. 109.
22. <u>Ibid</u>. p. 105.

23. Carmosino, R. "Formas de manifestación de la otredad en la cuentística cortazariana". En Lo lúdico y lo fantástico en la obra de Cortázar. Vol. I, p. 139.
24. Cortázar, J. Op. cit. Vol. II, p. 109.
25. González Juliana. El malestar en la moral. p. 98.
26. Freud, S. El malestar en la cultura. p. 75.
27. Eyzaguirre, L. "Modos de lo fantástico en cuentos de Julio Cortázar". En Lo lúdico... Vol. 1, p. 177.
28. Cifuentes, C. "Un personaje ausente en la fantasticidad de dos relatos de Julio Cortázar". En Lo lúdico... Vol. II, p. 93.
29. Fromm, E. Más allá de las cadenas de la ilusión. p. 88.
30. Nietzsche, F. Citado en Fromm, Erich. Más allá de las cadenas de la ilusión. p. 89.

4. EL DESENCUENTRO DEL YO

1. Novalis. Citado en Béguin, Albert, El alma romántica y el sueño. p. 256.
2. Calvino, citado en Fromm, E. EL miedo a la libertad. p. 116.
3. Nietzsche, F. Genealogía de la moral. p. 217.
4. González, J. Ética y libertad. p. 17.
5. Fromm, E. El miedo a la libertad. P. 289.
6. Lastra, P. (Editor). Julio Cortázar. p. 227.
7. Lavaud, E. "Acercamiento a Lejana de Julio Cortázar". En Lo lúdico..., Vol. II, p. 69-70.
8. Eyzaguirre, L. "Modos de lo fantástico en cuentos de Julio Cortázar". En Lo lúdico... Vol. I, p. 182.
9. Freud, S. Psicoanálisis aplicado. p. 192.
10. Ibid. p. 213.
11. Lacan, J. Escritos 1. p 90.
12. Cortázar, J. Los relatos. Vol. III, p.92.

13. Ibid. p. 98.
14. Carmosino, R. "Formas de manifestación de la otredad en la cuentística cortazariana". En Lo lúdico... Vol. I, p. 137.
15. Lara Zavala, H. "Cortázar y sus dobles". En Cortázar Revisitado. p. 59.
16. Paredes, A. Abismos de papel. p. 52.
17. Cortázar, J. Los relatos. Vol. III, p. 91.
18. Ibid. p. 95.
19. Ibid. p. 97.
20. Lavaud, E. "Acercamiento a Lejana". En Lo lúdico... Vol. II, p. 72.
21. González, J. Ética y libertad. p. 18.
22. Freud, S. "Lo siniestro". En Psicoanálisis aplicado. Vol. XVIII, p. 189-237.
23. Cortázar, J. Los relatos. Vol. I p. 200.
24. Ibid. p. 202.
25. Ibid. p. 203.
26. Eyzaguirre, L. "Modos de lo fantástico en cuentos de Julio Cortázar". Lo lúdico... Vol. I, p. 177.
27. Dostoievski, F. "Los hermanos Karamazov". En Obras completas. Vol. III, p. 204.
28. Cortázar, J. Op. cit. Vol. III, p. 202.
29. Ibid. p. 203.
30. Ibid. p. 203.
31. Ibid. p. 205.
32. Cortázar, J. Los relatos. Vol. III, p. 148.
33. Fontmarty, F. "Xolotl, Mexolotl, Axolotl: una metamorfosis recreativa". En Lo lúdico... Vol. II, p. 80.
34. Cortázar, J. Los relatos. Vol. I, p. 204.

35. Monsiváis, C. Citado en Eyzaguirre, L. "Modos de lo fantástico en cuentos de Julio Cortázar". En Lo lúdico... Vol. I, p. 180.

36. Hegel. Citado en Rosenfield, D. Del mal. p. 163.

37. Sartre, J. P. Citado en González, J. Op. cit. p. 221.

38. Cortázar, J. Los relatos. Vol. I, p. 204.

39. Kauffmann, L. "Julio Cortázar y la apropiación del otro: Axolotl como fábula etnográfica". En Revista mexicana de sociología. p. 230.

40. Filer, M. "Las transformaciones del yo". En Homenaje a Julio Cortázar. p. 263.

41. González, J. Op. cit. p. 233.

42. Lozano, S. "El recurso del doble en Julio Cortázar". En Cuadernos americanos. p. 188.

43. Filer, M. "Las transformaciones del yo". En Homenaje a Julio Cortázar. p. 265.

44. Freud, S. Psicoanálisis aplicado, p. 214.

45. García Canclini, N. "La casa del hombre". En Julio Cortázar. p. 227.

46. Fontmarty, F. "Xolotl, Mexolotl, Axolotl: una metamorfosis recreativa". En Lo lúdico... Vol. II, p.84.

47. Cortázar, J. Los relatos. Vol. I, p. 205.

48. Kauffmann, L. "Julio Cortázar y la apropiación del otro: "Axolotl" como fábula etnográfica". En Revista Mexicana de Sociología. p. 231.

5. EL DESEO Y LA LOCURA

1. Béguin, At. El alma romántica y el sueño. p.483.

2. del Palacio Díaz, A. El problema de la libertad. p. 25.

3. Fromm, E. "La alienación bajo el capitalismo". En Sociedad de razón o sociedad de violencia. p. 39.

4. Ibid. p. 47.

5. Bastide, R. El sueño, el trance y la locura. p. 124.

6. Ibid. p. 130.
7. Ibid. p. 131.
8. Ibid. p. 134.
9. Lacan, J. Seminario 3. p. 193.
10. Lastra, P. y Coulson, G. "El motivo del horror en Octaedro". En Julio Cortázar. p. 341.
11. Cortázar, J. Octaedro. p. 125.
12. Ibid. p. 131.
13. Ibid. p. 130.
14. Ibid. p. 132.
15. Ibid. p. 138.
16. Campra, R. "Fantasma ¿estás?" En Lo lúdico y lo fantástico en la obra de Cortázar. Vol. I, p. 218.
17. Ibid. p. 218.
18. Citado en Puleo, A. H. "La sexualidad fantástica". En Lo lúdico... Vol. I, p. 209.
19. Cortázar, J. Octaedro. p. 138.
20. Ibid. p. 138.
21. Ibid. p. 139.
22. Ibid. p. 141.
23. Puleo, A.H. Op. cit. p. 204.
24. Cortázar, J. Octaedro. p. 149.
25. Ibid. p. 140.
26. Freud, S. Tres ensayos sobre teoría sexual. p. 26.
27. Foucault, M. Historia de la locura en la época clásica. p. 268.
28. Ibid. p. 273.
29. Cortázar, J. Octaedro. p. 128.
30. Ibid. p. 138.
31. Foucault, M. Op. cit. p. 283.
32. Ibid. p. 288.

33. Ibid. p. 291.
34. Cortázar, J. Octaedro. p. 140,
35. Lastra, P. y Coulson, G. Op. cit. p. 342-343.
36. Fromm, E. Anatomía de la destructividad humana. p. 237.
37. Foucault, M. Op. cit. p. 303.
38. Cortázar, J. Los relatos. Vol. I, p. 75.
39. Ibid. p. 78.
40. Poe, E. A. Narraciones extraordinarias. p. 113.
41. Cortázar, J. Los relatos. Vol. I, p. 78.
42. Ibid. p. 77.
43. Ibid. p. 81.
44. Ibid. p. p. 81.
45. Ibid. p. 83.
46. Picón Garfield, E. Cortázar por Cortázar. p. 95.
47. Dahl Buchanan, R. "El juego subterráneo en "Manuscrito hallado en un bolsillo"". En Los ochenta mundos de Cortázar: Ensayos. p. 171.
48. Lastra, P. Coulson, G. Op. cit. p. 347.
49. Cortázar, J. Los relatos. Vol. I, p. 82.
50. Ibid. p. 82.
51. Precht, R. "Rito y juego: Dos isotopías en un relato de Julio Cortázar". En Lo lúdico… Vol. II, p. 136.
52. Paredes, A. Op. cit. p. 227.
53. González Bermejo, E. Conversaciones con Cortázar. p. 46.
54. del Palacio, A. Op. cit. p. 85.
55. Marcuse, H. El hombre unidimensional. p. 103.
56. Poe, E.A. Op. cit. p. 126.
57. Cortázar, J. Los relatos Vol. II, p. 80.
58. Marcuse, H. Op. cit. p. 98.
59. Cortázar, J. Queremos tanto a Glenda. p. 20.
60. Ibid. p. 21.
61. Ibid. p. 21.

62. Ibid. p. 22.
63. Ibid. p. 26.
64. Ibid. p. 24.
65. Filer, M. "El texto, espacio de la vida y de la muerte en los últimos cuentos de Julio Cortázar". En Lo lúdico... Vol. I, p. 231.
66. Cortázar, J. Queremos tanto a Glenda. p. 25.
67. Orwell, G. 1984. p. 41.
68. Cortázar, J. Queremos tanto... p. 25.
69. Ibid. p. 26.
70. Freud, S. El malestar en la cultura. p. 18.
71. Berg, M. "Obsesionado con Glenda: Cortázar, Quiroga, Poe". En Los ochenta mundos de Cortázar. Ensayos. p. 213.
72. Cortázar, J. Queremos tanto... p. 26.
73. Ibid. p. 27.
74. Ibid. p. 28.
75. Ibid. p. 27.
76. Ibid. p. 27.
77. Ibid. p. 28.
78. Foucault, M. Op. cit. p. 275.

6. EL DESEO Y LA VIOLENCIA

1. Cortázar, J. "Homenaje a Alain Resnais". En Último round. p. 279-281.
2. Nietzsche, F. Genealogía de la moral. p. 106.
3. Ibid. p. 183.
4. Renfrew, J. La agresión y sus causas. p. 164.
5. Bastide, R. El sueño, el trance y la locura. p. 296.
6. Puleo, A. H. "La sexualidad fantástica". En Lo lúdico y lo fantástico en la obra de Cortázar. Vol. I, p. 209.
7. Fromm, E. Psicoanálisis de la sociedad contemporánea. p. 173.

8. Nietzsche, F. Op. cit. p. 180.
9. Cortázar, J. Los relatos. Vol. III, p. 36.
10. Ibid. p. 38.
11. Ibid. p. 39.
12. Ibid. p. 42.
13. Ibid. p. 44-45.
14. Ibid. p. 46.
15. Ibid. p. 47.
16. Solares Olivares, F. El budismo. p. 15.
17. Ibid. p. 57.
18. Suzuki D.T. y Fromm, E. Budismo Zen y psicoanálisis. p. 20.
19. Cortázar, J. Los relatos. Vol. III, p. 83.
20. Ibid. p. 89.
21. Ibid. p. 89.
22. Ibid. p. 193-194.
23. Zúñiga, D. M. "Julio Cortázar: las leyes de la excepción. En Otra flor amarilla. p. 67.
24. Puleo, A.H. Op. cit. p. 207.
25. Cortázar, J. Los relatos. Vol. II, p. 20.
26. Ibid. p. 21.
27. Ibid. p. 21.
28. Ibid. p. 22.
29. Ibid. p. 20.
30. Ortega, J. "La dinámica de lo fantástico en cuatro cuentos de Cortázar". En Lo lúdico... Vol. I, p. 191.
31. Cortázar, J. Los relatos. Vol. II, p. 20.
32. Reich, W. La función del orgasmo. p. 126-127.
33. Ibid. p. 128.
34. Cortázar, J. Las armas secretas. p. 228.
35. Cortázar, J. Alguien que anda por ahí. p. 141
36. Ibid. p. 142.

37. Ehrenfeld, N. Letra S, La Jornada. Diciembre 1, 2005.
38. Lastra, P. y Coulson, G. Julio Cortázar. p. 351.
39. Cortázar, J. Los relatos. Vol. II, p. 175.
40. Ibid. p. 178.
41. Ibid. p. 179.
42. Lastra, P. y Coulson, G. Op. cit. p. 351.
43. Campra. R. "Fantasma ¿estás? En Lo lúdico... Vol. I, p. 217.
44. González Bermejo, E. Conversaciones con Cortázar. p. 138-139.
45. Jitrik, N. Citado en Botton Burlá, F. Los juegos fantásticos. p. 32.
46. Campra, R. Op. cit. p. 214.
47. Foucault, M. Citado en Puleo, H. Op. cit. p. 209.
48. Reich, W. Op. cit. p. 174.
49. Reich, W. La función del orgasmo. p. 177.
50. Ibid. p. 16.
51. Ibid. p. 199.
52. Ibid. p. 201.

7. EL DESEO PERVERSO

1. Marx, K. citado en Fromm, E. Más allá de las cadenas de la ilusión. p. 127.
2. Rosenfield, D. Del mal. p. 184.
3. Bataille, G. El erotismo. p. 124.
4. Rosenfield, D. Op. cit. p. 188.
5. Kant, E. Citado en Ibid. p. 23.
6. Cortázar, J. "Las babas del diablo". En Las armas secretas. p. 133-134.
7. Ibid. p. 137.
8. Ibid. p. 130.
9. Ibid. p. 131.
10. Ibid. p. 133.

11. Ibid. p. 136.
12. Muñoz, W. "Julio Cortázar: Vértices de una figura comprometida". En Revista Iberoamericana. LVI, 150-151, 1990. p. 542.
13. Cortázar, J. "Las babas del diablo". Op. cit. p. 138.
14. Volek, E. Los ochenta mundos de Cortázar. Ensayos. p. 34.
15. Todorov, T. Introducción a la literatura fantástica. p. 145.
16. Ibid. p. 112.
17. Ibid. p. 112.
18. Freud, S. Obras completas. Vol. XIV, p. 114.
19. Ibid. p. 114.
20. Le Galliot, J. Psicoanálisis y lenguajes literarios. p. 23.
21. Freud, S. La interpretación de los sueños. Vol. II, p. 122.
22. Cortázar, J. "Las babas del diablo". En Op. cit. p. 128.
23. Ibid. p. 131.
24. Cortázar, J. Citado en "Ampliando una página de Cortázar". Revista Iberoamericana. Vol. XXXIX, 84-85, 1973. p. 668.
25. Cortázar, J. "Las babas del diablo". En Op. cit. p. 139.
26. Ibid. p. 123.
27. Ibid. p. 127.
28. Ibid. p. 128.
29. Ibid. p. 131.
30. Ibid. p. 130 -132.
31. Ibid. p. 137.
32. Ibid. p. 137.
33. Ibid. p. 138.
34. Ibid. p. 124.
35. Ibid. p. 136.
36. Ibid. p. 139.
37. Matas, J. "El contexto moral en algunos cuentos de Julio Cortázar". En Revista Iberoamericana. Vol. XXXIX, jul-dic, No. 84, 1973. p. 609.

38. Cortázar, J. "Algunos aspectos del cuento". En Casa de las Américas. No. 15-16, Nov. 62-Feb. 63, p. 3-14.
39. Cortázar, J. "Las babas del diablo". En Op. cit. p. 123.
40. Ibid. p. 123.
41. Cortázar, J. Los relatos. Vol. IV, p. 69.
42. Freud, S. Tres ensayos sobre teoría sexual. p.93.
43. Chazaud, J. Las perversiones sexuales. p. 56.
44. Freud, S. "Más allá del principio del placer". En Psicología de las masas. p. 126.
45. Cortázar, J. "Las babas del diablo". En Op. cit. p. 137.
46. Kason, N. "El compromiso político en 'La escuela de noche' de Cortázar". Cuadernos Americanos. Vol. VI, 31-32, 1992. p. 236.
47. Cortázar, J. Los relatos. Vol. IV, p. 65.
48. Kason, N. Op. cit. p. 235.
49. Goloboff, M. Julio Cortázar. La biografía. p. 53.
50. Ibid. p. 53.
51. Kason, N. Op. cit. p. 235.
52. Alazraki, J. "Los últimos cuentos de Julio Cortázar". En Revista Iberoamericana. 130-131, 1985, p. 36.
53. Mumford, L Citado en Fromm, E. El miedo a la libertad. p. 248.
54. Hitler, A. Citado en Fromm, E. Ibid. p. 263.
55. Ibid. p. 264.
56. Cortázar, J. Los relatos. Vol. IV, p. 75.
57. Ibid. p. 78.
58. Citado por Fromm, E. El miedo a la libertad. p. 264-265.
59. Freud, S. Psicología de las masas. p. 19.
60. Cortázar, J. Los relatos. Vol. IV, p. 72.
61. Ibid. p. 72.
62. Ibid. p. 74.
63. Ibid. p. 74.
64. Ibid. p. 80.

65. Ibid. p. 81.
66. Kason, N. Op. cit. p. 233.
67. Marcuse, H. Eros y civilización. p. 108.
68. Nietzsche, F. Op. cit. p. 171.
69. Cortázar, J. Obra crítica 3. p. 126.
70. Sosnowski, S. "Los ensayos de Julio Cortázar: Pasos hacia su poética". En Revista Iberoamericana. Vol. XXXIX, 84-85, 1973. p. 665.

8. EL YO ENTRE DOS REALIDADES DIFERENTES

1. Fernández, P.A. Citado en Cortázar, J. La vuelta al día en ochenta mundos. p. 179.
2. Canetti, E. Masa y poder. p. 44.
3. Freud, S. El malestar en la cultura. p. 63.
4. Ibid. p. 63.
5. Ibid. p. 61-62.
6. Santiago, T. Justificar la guerra. p. 74.
7. Cortázar, J. Los relatos. Vol. I, p. 213.
8. Santiago, T. Op. cit. p. 89.
9. Cortázar, J. Los relatos. Vol. I, p. 217.
10. Santiago, T. Op. cit. p. 75.
11. Fromm, E. Miedo a la libertad. p. 274.
12. Lacan, J. Seminario 11. p. 77.
13. Ibid. p. 63.
14. Cortázar. Los relatos. Vol. I, p. 216.
15. Ibid. p. 215.
16. Lacan, J. Seminario 11. p. 68.
17. Carmosino, R. Lo lúdico... Vol. I, p. 140.
18. Alazraki, J. "Los últimos cuentos de Julio Cortázar". En Revista Iberoamericna. LI, 130-131, ene-jul, 1985. p. 28.
19. Ortega, J. "La dinámica de lo fantástico en cuatro cuentos de Cortázar". En Lo lúdico... Vol. I, p. 191.

20. Borges, J.L. Prosa completa. Vol. II, p. 138.
21. Borges, J.L. Poesía y prosa. p. 42.
22. Ibid. p. 44.
23. Gertel, Z. ""La noche boca arriba", disyunción de la identidad". En Julio Cortázar. p. 315-316.
24. Borges, J.L. Poesía y prosa. p. 41.
25. Ibid. p. 220.
26. Ibid. p. 221.
27. Borges, J.L. Poesía y prosa. p. 40.
28. Lacan, J. Escritos I. p. 87.
29. Cortázar, J. Los relatos. Vol. I, p. 221.
30. Cortázar, J. Las armas secretas. p. 226.
31. Ibid. p. 214.
32. Freud, S. "Más allá del principio del placer. En Psicología de las masas. p. 129.
33. Cortázar, J. Las armas secretas. p. 217.
34. Ibid. p. 216.
35. Pereira, A. Deseo y escritura. p. 44.
36. Carmonsino, R. Op. cit. p. 141.
37. Freud, S. "Más allá del principio del placer". Op. cit. p. 133.
38. Malva, F. "Las transformaciones del yo". En Homenaje a Julio Cortázar. p. 266.
39. Cortázar, J. Las armas secretas. p. 213.
40. Ibid. p. 232.
41. Pereira, A. Op. cit. p. 155-156.
42. Lacan, J. Escritos I. p. 87.
43. Fromm, E. Miedo a la libertad. p. 224.
44. Ibid. p. 188.
45. Cortázar, J. Las armas secretas. p. 233.
46. Canetti, E. Op. cit. p. 328.

47. Cortázar, J. Las armas secretas. p. 225.
48. Ibid. p. 228.
49. Ibid. p. 223.
50. Ibid. p. 210.
51. Dehenin, E. "Estrategias discursivas al servicio de lo fantástico en "Las armas secretas"". En Lo lúdico... Vol. II, p. 26.
52. Ibid. p. 26.
53. Freud, S. "Más allá del principio del placer. En Psicología de las masas. p. 137.
54. Matos, J. "El contexto moral en algunos cuentos de Julio Cortázar. Revista Iberoamericana. Vol. XXXIX, 84-85, jul-dic 1973. p. 604.
55. Santiago, T. Op. cit. p. 162.

9. EL DESEO DE DESOBEDECER

1. Dalton, R. En Julio Cortázar. Obra Crítica 3. p. 143.
2. Dostoievski, F. Los hermanos Karamazov. En Obras completas. Vol. III, p. 415.
3. Fromm, E. La condición humana actual. p. 57.
4. Camus, A. El hombre rebelde. p. 25.
5. Ibid. p. 31.
6. Pons, M. "Compromiso político y ficción en "Segunda vez" y "Apocalipsis de Solentiname" de Julio Cortázar". En Revista Mexicana de Sociología. Vol. LIV, 3-4, 1992. p. 185.
7. Alazraki, J. "Imaginación e historia en Julio Cortázar". En Casa de las Américas. Vol. XXVIII, 166-168, ene-feb, 1988. p. 11.
8. Lacan, J. El seminario 7. p. 97.
9. Cortázar, J. "Grafitti". En Queremos tanto a Glenda. p. 129.
10. Silva Cáceres, R. "Sentido del antiautoritarismo en el cuento latinoamericano". En Cuadernos Americanos. Vol. 245, jul-ago, 1982. p. 207.
11. Cortázar, J. "Grafitti". En Op. cit. p. 130.
12. Ibid. p. 131.

13. Pons, M.C. Op. cit. p. 201.
14. Cortázar, J. "Grafitti". En Op. cit. p. 131.
15. Ibid. p. 133.
16. Ibid. p. 133.
17. Ibid. p. 134.
18. Pons, M.A. Op. cit. p. 201.
19. Mesiter, E. Citado en Fromm, E. La condición humana actual. p. 66.
20. Silva Cáceres, R. Op. cit. p. 208.
21. Paredes, A. Abismos de papel. p. 282.
22. Dostoievski, F. Op. cit. p. 415.
23. Pons, M.C. Op. cit. p. 202.
24. Cortázar, J. Los relatos. Vol. IV, p. 14.
25. Ibid. p. 14.
26. Ibid. p. 17.
27. Ibid. p. 14.
28. Ibid. p. 14.
29. Silva Cáceres, R. Op. cit. p. 206.
30. Solares, I. Imagen de Julio Cortázar. p. 108.
31. Goloboff, M. Julio Cortázar. La biografía. p. 128.
32. Citado en Solares, I. Op. cit. p. 109.
33. Muñoz, W. "Julio Cortázar: Vértices de una figura comprometida". En Revista Iberoamericana. Vol. 56, 150-151, ene-jun, 1990. p. 551.
34. Ibid. p. 550.
35. Pons, M.C. Op. cit. p. 199.
36. Monsiváis, C. "¿Encontraría a la Maga en la manifestación?". En Cortázar Revisitado. UNAM, 2004, p. 19.
37. Citado por Goloboff, M. Op. cit. p. 128.
38. Cortázar, J. Los relatos. Vol. IV, p. 12.
39. Tittler, J. "Los dos solentinames de Cortázar". En Lo lúdico y lo fantástico en la obra de Cortázar. Vol. II, p. 116.

40. Pons, M.C. Op. cit. p. 200.
41. Ibid. p. 184.
42. Cortázar, J. Los relatos. Vol. IV, p. 40.
43. Ibid. p. 45.
44. Ibid. p. 53.
45. Nietzsche, F. "De las tablas viejas y nuevas". En Así hablaba Zaratustra. Obras inmortales. Vol. III, p. 654.
46. Fromm, E. Miedo a la libertad. p. 335.
47. Cortázar, J. Los relatos. Vol. IV, p. 47.
48. Marcuse, H. La sociedad opresora. p. 141.
49. Lutero, M. En Fromm, E. Miedo a la libertad. p. 113.
50. Cortázar, J. Los relatos. Vol. IV, p. 44.
51. Ibid. p. 50.
52. Ibid. p. 50.
53. Ibid. p. 53.
54. Ibid. p. 78.
55. Sicard, A. "''Satarsa: (M)atar a la rata". En Lo lúdico... Vol. II, p. 193-194.
56. Campra, R. "Fantasma, ¿estás?" En Lo lúdico... Vol. I, p. 221.
57. Alazraki. "Los últimos cuentos de Julio Cortázar". En Revista Iberoamericana. Vol. LI, 130-131, ene-jul, 1985. p. 35.
58. Cortázar, J. Citado en Solares, I. Imagen de Julio Cortázar. p. 110.
59. Cortázar, J. Citado en Goloboff, M. Op. cit. p. 113.
60. Carbone, A. "Julio Cortázar. Mi ametralladora es la literatura". En Crisis. p. 10-15.

10. CONCLUSIONES Y DISCUSIÓN

1. Brown, N. Citado en Marcuse, H. La sociedad opresora. p. 179.
2. Cortázar, J. "Del cuento breve y sus alrededores". En Último round. p. 65-66

BIBLIOGRAFÍA

BIBLIOGRAFÍA DIRECTA

- Alazraki, Jaime. "Los últimos cuentos de Cortázar". En Revista Iberoamericana. 130-131, ene-jul, 1985.

- Antonucci, Fausta. "Juego, rito y paisaje en 'La autopista del sur'. En Lo lúdico y lo fantástico en la obra de Cortázar. Vol. II, España: Espiral Hispanoamericana, 1986.

- Barrientos, Juan José. "Las palabras mágicas de Cortázar". En Lo lúdico y lo fantástico en Cortázar. Vol. I, Madrid: Espiral Hispanoamericana, 1986.

- Berg, Mary. "Obsesionado con Glenda: Cortázar, Quiroga, Poe". En Los ochenta mundos de Cortázar: Ensayos. Fernando Burgos, Editor. Madrid: Edi-6, 1987).

- Burgos, Fernando. Editor. Los ochenta mundos de Cortázar: Ensayos. España: Edi-6, 1987.

- Campra, Rosalba. "Fantasma ¿estás?". En Lo lúdico y lo fantástico en la obra de Cortázar. Vol. I, España: Espiral Hispanoamericana, 1986.

- Capetillo, Juan. "Interpretación psicoanalítica de "Casa tomada" de Julio Cortázar". En Literatura y psique. México: UAM, 1990.

- Carbone, Alberto. "Julio Cortázar. Mi ametralladora es la literatura". En Crisis. Buenos Aires. No. 2, junio 1973.

- Carmosino, Roger. "Formas de manifestación de la otredad en la cuentística cortazariana". En Lo lúdico y lo fantástico en la obra de Cortázar. Vol. I, 2ª. Ed., España: Espiral Hispanoamericana, 1996.

- Castro Klarén, Sara. "Escritura, transgresión y sujeto en la literatura latinoamericana". En Lo lúdico y lo fantástico en la obra de Cortázar. Vol. II, España: Espiral Hispanoamericana, 1986.

- _____. Escritura, transgresión y sujeto en la literatua latinoamericana. Puebla: Premiá, 1989.

- Cifuentes, Claudio. "Un personaje ausente en la fantasticidadd de dos relatos de Julio Cortázar". En Lo lúdico y lo fantástico en la obra de Cortázar. Vol. II, España: Espiral Hispanoamericana, 1986.

- Cortázar, Julio. "Algunos aspectos del cuento". En <u>Casa de las Américas</u>, 15-16, nov. 62-feb. 63.
- _____. <u>Las armas secretas</u>. España: Cátedra, 1990.
- _____. <u>Obra crítica 3</u>. Madrid: Alfaguara, 1994.
- _____. <u>Octaedro</u>. Madrid: Alianza, 1987. (El libro de bolsillo).
- _____. <u>Queremos tanto a Glenda</u>, México: Nueva imagen, 1987.
- _____. <u>Los relatos</u>. Vol. I-IV, Madrid: Alianza, 1992.
- _____. "Situación de la novela". En <u>Cuadernos Americanos</u>. Vol. IX, 4, 1950.
- _____. <u>Último round</u>. México: Siglo XXI, 1969.
- _____. <u>La vuelta al día en ochenta mundos</u>. México: Siglo XXI, 1986.
- Coulson, Graciela. "El motivo del horror en <u>Octaedro</u>". En <u>Julio Cortázar</u>. Madrid: Taurus, 1981.
- Dahl Buchanan, Rhonda. "El juego subterráneo en 'Manuscrito hallado en un bolsillo'". En <u>Los ochenta mundos de Cortázar: Ensayos</u>. Madrid: Edi-6, 1987.
- Dehenin, Elsa. "Estrategias discursivas al servicio de lo fantástico en "Las armas secretas"". En <u>Lo lúdico y lo fantástico en la obra de Cortázar</u>. Vol. II, España: Espiral Hispanoamericana, 1986.
- Domínguez, Mignon. <u>Cartas desconocidas de Cortázar</u>. Buenos Aires: Sudamericana, 1992.
- Eyzaguirre, Luis. "Modos de lo fantástico en los cuentos de Julio Cortázar". En <u>Lo lúdico y lo fantástico en los cuentos de Cortázar</u>. Vol. I, España: Espiral Hispanoamericana, 1986.
- Filer, Malva. "El texto, espacio de la vida y de la muerte en los últimos cuentos de Julio Cortázar". En <u>Lo lúdico y lo fantástico en la obra de Cortázar</u>. España: Espiral Hispanoamericana, 1986.
- _____. "Las transformaciones del yo". En <u>Homenaje a Julio Cortázar</u>. España: Las Américas, 1972.
- Fontmary, Francis. "Xolotl, Mexolotl, Axolotl: una metamorfosis recreativa". En <u>Lo lúdico y lo fantástico en la obra de Cortázar</u>. Vol. II, España: Editorial Espiral Hispanoamericana, 1986.

Bibliografía

- Fouques, Bernard. "'Casa tomada' o la auto-significación del relato". En Revista Iberoamericana. Vol. XLII, 96-97, 1976.
- Giacoman, Helmy. Homenaje a Julio Cortázar. España: Las Américas, 1972.
- García Canclini, Néstor. "La casa del hombre". En Julio Cortázar. Madrid: Taurus, 1981.
- García Márquez, Gabriel. "El argentino que se hizo querer de todos". En Casa de las Américas. Vol. XXV, 145-146, 1984.
- Gertel, Zunilda. "'La noche boca arriba'", disyunción de la identidad". En Julio Cortázar. Madrid: Taurus, 1981.
- Goloboff, Mario. Julio Cortázar. La biografía. Buenos Aires: Seix Barral, 1998.
- González, Eduardo. "Hacia Cortázar a partir de Borges". En Revista Iberoamericana. Vol. XXXIX, 84-85, 1973.
- González Bermejo, Ernesto. Conversaciones con Cortázar. Barcelona: Edhasa, 1978.
- Joset, Jacques. "Finales de 'Final de juego'". En Lo lúdico y lo fantástico en la obra de Cortázar. Vol. II, 1986.
- Jocef, Bella. "La metafísicia del tango o más allá de la realidad." En Julio Cortázar desde tres perspectivas. México: UNAM, 2002.
- Kason, Nancy. "El compromiso político en 'La escuela de noche' de Cortázar. En Cuadernos Americanos. Vol. VI, 31-32, 1992.
- Kauffmann, Lane. "Julio Cortázar y la apropiación del otro: Axolotl como fábula etnográfica". En Revista Mexicana de Sociología. Vol. 63, 3-4, jul-dic, 2001.
- Lara Zavala, Hernán. "Cortázar y sus dobles". En Cortázar Revisitado. México: UNAM, 2004.
- Lastra, Pedro y Coulson Graciela, "El motivo del horror en Octaedro". En Julio Cortázar. Madrid: Taurus, 1981.
- Lavaud, Elaine. "Acercamiento a 'Lejana' de Julio Cortázar". En Lo lúdico y lo fantástico en la obra de Cortázar. Vol. II, España: Espiral Hispanoamericana, 1986.

- Leal, Luis. "Estudios. Situación de Julio Cortázar". En <u>Revista Iberoamericana</u>. Vol. XXXIX, 84-85, 1973.

- Lozano, Stella. "El recurso del doble en Julio Cortázar". En <u>Cuadernos americanos</u>. Vol. 248, no. 3, may-jun, 1983.

- Matas, Julio. "El contexto moral en algunos cuentos de Cortázar". En <u>Revista Iberoamericana</u>. Vol. XXXIX, 84-85, jul-dic, 1973.

- Morello-Fronsch, Marta. "El discurso de armas y letras en las narraciones de Julio Cortázar". En <u>Lo lúdico y lo fantástico en la obra de Julio Cortázar</u>. Vol. I, España: Espiral Hispanoamericana, 1986.

- Moreno Turner, Fernando. "Juguemos en el bosque mientras el lobo no está". En <u>Lo lúdico y lo fantástico en la obra de Cortázar</u>. Vol. I. España: Espiral Hispanoamericana, 1986.

- Muñoz, Willy. "Julio Cortázar: Vértices de una figura comprometida". En <u>Revista Iberoamericana</u>. Vol. LVI, 150-151, 1990.

- Ontañón, Paciencia. <u>En torno a Cortázar</u>. México: UNAM, 1995.

- Ortega, José. "La dinámica de lo fantástico en cuatro cuentos de Cortázar". En <u>Lo lúdico y lo fantástico en la obra de Cortázar</u>. Vol. I, España: Espiral Hispanoamericana, 1986.

- Paredes, Alberto. <u>Abismos de papel: Los cuentos de Julio Cortázar</u>. México: UNAM, 1988.

- _____. "Lo fantástico en Cortázar. En <u>Revista de la UNAM</u>, Vol. XXXIII, 7-12, 1979.

- Pereira, Armando. <u>Deseo y escritura</u>. Puebla: Premiá, 1985.

- Picón Garfield, Evelyn. <u>Cortázar por Cortázar</u>. México: Universidad Veracruzana, 1978.

- Planeéis, Antonio. "'Casa tomada' o la parábola del limbo". En <u>Revista Iberoamericana</u>. Vol. LII, 135-136, 1986.

- Pons, María Cristina. "Compromiso político y ficción en 'Segunda vez' y 'Apocalipsis de Solentiname' de Julio Cortázar". En <u>Revista Mexicana de Sociología</u>. Vol. LIV, 3-4, 1992.

- Prego, Omar. <u>La fascinación de las palabras</u>. Barcelona: Muchnik, 1985.

- Precht, Raoul. "Rito y juego: Dos isotopías en un relato de Julio Cortázar". En Lo lúdico y lo fantástico en la obra de Cortázar. Vol. II, España: Espiral Hispanoamericana, 1986.
- Puleo, Alicia Helda. "La sexualidad fantástica". En Lo lúdico y lo fantástico en la obra de Cortázar. Vol. I, España: Espiral Hispanoamericana, 1986.
- Ramírez, Sergio. "El evangelio según Cortázar". En Cortázar revisitado. México: Revista de la UNAM, 2004.
- Robert, Marthe. Novela de los orígenes y orígenes de la novela. Madrid: Taurus, 1973.
- Rosenblat, María Luisa. "La nostalgia de la unidad en el cuento fantástico: 'The fall of the house of Usher' y 'Casa tomada'". En Los ochenta mundos de Cortázar. Ensayos. Madrid: Edi-6, 1987.
- Roy, Joaquín. Julio Cortázar ante su sociedad. Barcelona: Península, 1974.
- Santibáñez, Carlos. "La incomunicación en dos obras hispanoamericanas". En Cuadernos Americanos. Vol. XXXVI, 3-4, may-jun, 1977.
- Scheines, Graciela. "Juegos sospechosos". En Casa de las Américas. No. 200-201, oct-dic, 1995.
- Sicard, Alain. "Satarsa: (M)atar a la rata". En Lo lúdico y lo fantástico en la obra de Cortázar. Vol. II, España: Espiral Hispanoamericana, 1986.
- Silva Cáceres, Raúl. "Sentido del antiautoritarismo en el cuento latinoamericano". En Cuadernos Americanos. Vol. 245, jul-ago, 1982.
- Solares, Ignacio. Imagen de Julio Cortázar. México: UNAM, 2002.
- Sosnowski, Saúl. "Los ensayos de Julio Cortázar: Pasos hacia su poética". En Revista Iberoamericana. Vol. XXXIX, 84-85, 1973.
- Suardíaz, Luis. "Estar lejos y no decir mañana". En Casa de las Américas. Vol. XXV, 145-146, 1984.
- Tittler, Jonathan. "Los dos solentinames de Cortázar". En Lo lúdico y lo fantástico en la obra de Cortázar. Vol. II, España: Espiral Hispanoamericana, 1986.

- Volek, Emily. "'Las babas del diablo', la narración policial y el relato conjetural borgeano: esquizofrenia crítica y creación literaria." En <u>Los ochenta mundos de Cortázar: Ensayos</u>. Madrid: Edi-6, 1987.
- Zúñiga, Dulce María. "Julio Cortázar: las leyes de la excepción". En <u>Otra flor amarilla</u>. México: UNAM, 2002.

BIBLIOGRAFÍA INDIRECTA

- Arvon, Henri. <u>El budismo</u>. México: Publicaciones Cruz, 1951.
- Bastide, Roger. <u>El sueño, el trance y la locura</u>. Buenos Aires: Amorrortu, 1972.
- Bataille, George. <u>El erotismo</u>. España: Tusquets, 2002.
- Baudoin, Charles. <u>Psicoanálisis del arte</u>. Buenos Aires: Psique, 1972
- Béguin, Albert. <u>El alma romántica y el sueño</u>. México: FCE, 1954.
- Borges, Jorge Luis. <u>Poesía y prosa</u>. México: Promexa, 1979.
- _____. <u>Prosa completa</u>. Vol. II, Barcelona: Bruguera, 1985.
- Botton Burlá, Flora. <u>Los juegos fantásticos</u>. México: UNAM, 1994.
- Caballar, Georg. "Los juicios kantianos acerca de la guerra". En <u>Signos filosóficos</u>. México: UAM, No. 6, jul-dic, 2001.
- Camus, Albert. <u>El hombre rebelde</u>. Buenos Aires: Losada, 2003.
- Canetti, Elías. <u>Masa y poder</u>. Barcelona: Alianza, 1987.
- Chazaud, Jacques. <u>Las perversiones sexuales</u>. Barcelona: Herder, 1976.
- Cortés Poza, Aída. <u>La moral en Nietzsche y Freud</u>. (Tesis). México: Facultad de Psicología, UNAM, 2003.
- Deleuze, Guilles. <u>Presentación de Sacher-Masoch. El frío y el cruel</u>. Madrid: Taurus, 1974.
- Denker, Rolf. <u>Elucidaciones sobre la agresión</u>. Buenos Aires: Amorrortu, 1971.

Bibliografía

- Dostoievski, Fedor. "Los hermanos Karamazov". En <u>Obras completas</u>. Vol. III, Madrid: Aguilar, 1966.
- Ehrenfeld, Noemí. <u>La Jornada, Letra S.</u> México: Diciembre 1, 2005.
- Foucault, Michel. <u>Historia de la locura en la época clásica</u>. México: FCE, 1998. (Breviarios 191).
- Freud, Sigmund. <u>El malestar en la cultura</u>. México: Alianza, 1984. (El libro de bolsillo 280).
- _____. <u>El yo y el ello</u>. México: Alianza, 1989. (El libro de bolsillo 475).
- _____. <u>Introducción al narcisismo y otros ensayos</u>. Madrid: Alianza, 1989. (El libro de bolsillo 444).
- _____. <u>Introducción al psicoanálisis</u>. Madrid: Alianza, 1989.
- _____. <u>La interpretación de los sueños</u>. Vol. II, Madrid: Alianza, 1999.
- _____. "Más allá del principio del placer". En <u>Psicología de las masas</u>. México: Alianza, 1991. (El libro de bolsillo).
- _____. <u>Obras completas</u>. (Vol. XII, XIII, XIV), Buenos Aires: Amorrortu, 2000.
- _____. <u>Psicoanálisis aplicado</u>. México: Iztaccihualt, 1982.
- _____. <u>Psicoanálisis del arte</u>. México: Alianza, 1984. (El libro de bolsillo 224).
- _____. <u>Psicología de las masas</u>. México: Alianza, 1991.
- _____. <u>Tótem y tabú</u>. Madrid: Alianza, 1991. (El libro de bolsillo 41).
- _____. <u>Tres ensayos sobre teoría sexual</u>. Madrid: Alianza, 1989. (El libro de bolsillo 386).
- Fromm, Erich. "La alineación bajo el capitalismo". En <u>Sociedad de razón o sociedad de violencia</u>. Venezuela: Tiempo Nuevo, 1970.

- _____. Anatomía de la destructividad humana. México: Siglo XXI, 1975.
- _____. La condición humana actual. México: Paidós, 1987.
- _____. El corazón del hombre. México: FCE, 1966.
- _____. El miedo a la libertad. Buenos Aires: Paidós, 1968.
- _____. Más allá de las cadenas de la ilusión. México: Herrero, 1968.
- _____. Psicoanálisis de la sociedad contemporánea. México: FCE, 1955.
- González, Juliana. El malestar en la moral. México: UNAM Porrúa, 1997.
- _____. Ética y libertad. México: UNAM (FFL), 1989.
- Lacan, Jacques. Escritos 1. México: Siglo XXI, 1984.
- _____. Seminario 3, Las psicosis. Buenos Aires: Paidos, 1984.
- _____. Seminario 7. La Ética del psicoanálisis. Buenos Aires: Paidos, 2000.
- _____. Seminario 11. Los cuatro conceptos fundamentales del psicoanálisis. Buenos Aires: Paidós, 1987.
- Le Galliot, Jean. Psicoanálisis y lenguajes literarios. Argentina: Hachette, 1977.
- Lovecraft, H.P. El horror en la literatura. Madrid: Alianza, 2002.
- Marcuse, Herbert. Eros y civilización. Barcelona: Ariel, 1981.
- _____. Eros y civilización. México: Joaquín Mortiz, 1970.
- _____. La agresividad en la sociedad contemporánea. Uruguay: Alfa, 1971.
- _____. La sociedad opresora. Venezuela: Tiempo Nuevo, 1970.
- _____. El hombre unidimensional. México: Joaquín Mortiz, 1969.
- Maurón, Charles. "La psicocrítica y su método". En Tres enfoques de la literatura. Buenos Aires: Carlos Pérez, s.f.

- Mitscherlich, Alexander. La idea de la paz y la agresividad humana. Madrid: Taurus, 1971.
- Nietzsche, Friedrich. "Así hablaba Zaratustra". En Obras inmortales. Vol. II, España: Edicomunicación, 2000.
- _____. La genealogía de la moral. México: Alianza, 2000. (Biblioteca de autor).
- _____. La genealogía de la moral. México: Porrúa, 1999. (Sepan cuantos 430).
- Orwell, George. 1984. Barcelona: Destino, 2002.
- del Palacio Díaz, Alejandro. El problema de la libertad. México: UAM, 1991.
- Poe, Edgar, Narraciones extraordinarias. España: Óptima, 2002.
- _____. Narraciones extraordinarias. España: Salvat, 1982.
- Reich, Wilhelm. La función del orgasmo. Buenos Aires: Paidós, 1972.
- Renfrew, John. La agresión y sus causas. México: Trillas, 2001.
- Rosenfield, Denis. Del mal. México: FCE, 1993.
- Sagols, Lizbeth. ¿Ética en Nietzsche? México: UNAM, 1997 (Colección Seminarios).
- Santiago, Teresa. Justificar la guerra. México: UAM, 2001.
- Serrano Gómez, Enrique. "¿Existen guerras justas?". En Signos filosóficos. México: UAM, No. 6, jul-dic, 2001.
- Solares Olivares, Fernando. El budismo. México: CONACULTA, Tercer Milenio, 1997.
- Todorov, Tzvetan. Introducción a la literatura fantástica. Buenos Aires: Tiempo Contemporáneo, 1974.
- Vax, Louis. Las obras maestras de la literatura fantástica. Madrid: Taurus, 1981.

- Villaurrutia, Xavier. <u>Obras: poesía, teatro, prosas varias, crítica</u>. México: FCE, 1966. (Letras Mexicanas).

- Wolman, Benjamín. <u>Introducción al conocimiento de Freud</u>. México: Era, 1972.

Made in the USA
Monee, IL
24 April 2025

16320969R00111